14歳からの資本主義

君たちが大人になるころの未来を変えるために

NHK「欲望の資本主義」制作統括
丸山俊一

大和書房

資本主義は、いま、大きな曲がり角にあります。

「あの人も、もう終わったね」をこえて　——はじめに

健全な競争が、人を育て、社会を育てる。

市場という場で、生産者側も、消費者側も、できるだけ安くできるだけいい商品を、それぞれ作ろう、買おうと努力する。そして、その結果、「勝者」と「敗者」が決まったと仮にしても、その競争が、「健全」である間は、いいのかもしれません。「健全」である間は。

しかし、現代は、もしかしたら「どこにも勝者がいない」という時代になっているのかもしれません。

働く人たち自身がまるで「商品」のように、市場の評価を受ける社会。いつまでも、まるで受験競争の偏差値のように、人々が競い合っている

社会のようにも見えるのです。
「使える」「役に立つ」という判断基準ばかりが世の中に浸透し、そればかりになってしまっているとしたら、ちょっと悲しいですよね。

「お金が入ってくるしくみを作ったヤツが勝ち」
「ババをつかむなよ」

そんな言葉ばかりが世の中を飛び交い、ただお金をもうける、利益を出すということばかりに心を奪われ、ひとつひとつの仕事に対する敬意や、それが生み出された背景にある努力や才能に対する尊敬の思いなどが、少しずつおろそかになっているのではないでしょうか。

つねに競争にさらされる中、「使える」「役に立つ」ものばかりを生み出し続けなければならないというあせりのような気持ちが先行して、社会の評価の基準も、ともすれば、「売れ行き」ばかりになりがちです。

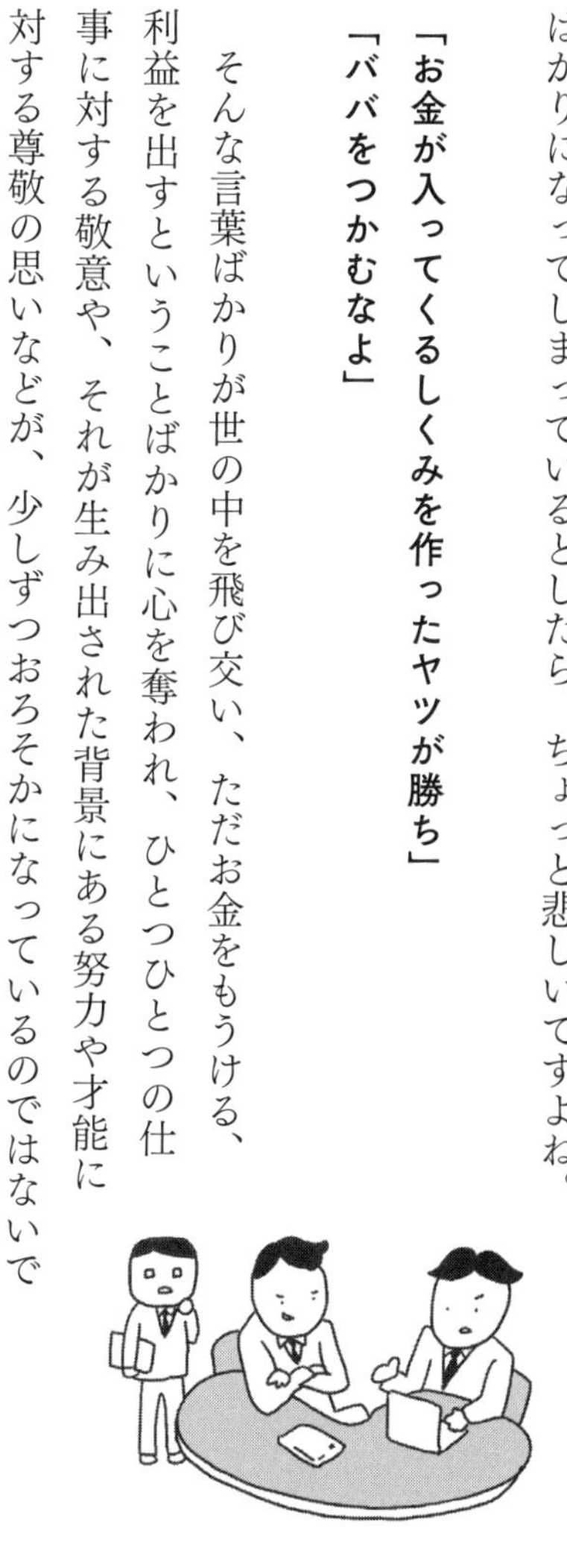

みんながみんなを読みあう資本主義
——ケインズの美人投票

20世紀を代表するイギリスの経済学者ケインズが考えた、「ケインズの美人投票」という有名な話があります。現代の社会状況を考えるときにも有効なたとえ話です。

「みなさん、美人だと思う人に投票してください」

ここから後が肝心です。

「**ただし〝優勝した美人〟に投票した人には、賞金を差し上げます**」

この条件がついたとたんに、コンテストの結果は変わります。

自分が美人だと思う人ではなく、みんなが美人だと思いそうな人、票を集めそうな人に人々の投票は集中していく。

ジョン・メイナード・ケインズ
イギリスの経済学者で、20世紀経済学の巨人。

自分が「美人だ」と思う人ではなく、
「みんなの票を集めそうな人」に投票する。

壇上の美人もさることながら、それ以上に投票者たちの顔色、思惑を読むことにみんな神経を使い始めるのです。

これは、市場での株の取り引きで利益を上げようとする人々の心理を表現するために、ケインズが考えた、たとえ話です。つまり自分自身、本当に価値があると思う会社の株よりも、他人から価値があるように思われそうな会社の株を買おうとする、というわけです。

とにかく安いときに買って、高いときに売る。

このシンプルなやり方でもうけを生むためには、その株の価値、すなわち会社の本質的な価値よりも、人々の心の動きや、人気を読むほうが大事だ、ということになっていくのです。

市場で株の取り引きの際の心理を説明するものとして、実に面白い話ですが、こうした「勝ち馬に乗る心理」は、いまや株式市場だけではなく、社会のさまざまな場面に見られる現象のように思います。

「自分が心から思う美」ではなく「人々が思う美」を推測すること……。そんな二重三重の心理戦が強いられる現代社会では、「主体的な意志」「正直な気持ち」というものから、だんだん遠のいていく選択のしかた、生き方になっていってしまうのです。

そして、いつの間にか周囲の目ばかり気にして、自分自身の価値観に気づくことが難しい人生になるのかもしれないのです。

みんな、市場に放り出された、大衆のひとり。

僕たちはいつの間にか、何を求めて日々走るのかわからない、ということにもなりかねません。ケインズの「美人投票」のたとえは、単に株式市場だけにとどまりません。現代社会全般にあてはまる話なのかもしれません。

「あの人も、もう終わったね」

現代の社会で、一番怖いのはこの言葉なのかもしれませんね。

「終わったね」といわれるものたち

この一言で片づけられる恐怖に、多くの人が縛られているのではないでしょうか。市場の「商品価値」重視一点張りの社会、すべてを「商品」とみんなが見なしてしまう社会。
　これでは、「資本主義のレース」から降りられませんね。

　たとえば、最初はいいものを世に届けようという思いで仕事を始めた人も、一度、数字、ランキングというものが生まれてしまえば、より上位を目指し続けねばならないのですから。

　健全に運営できればいいという思いで会社を立ち上げた人がいたとしても、大きな流れの中で押し流されてしまったり、自分の意志を越えて周囲から「より多く」の売り上げを期待されて、それが強迫観念になっていってしまったりするのです。

「数字の物語」は、いつも「増えること」を望まれ続けます。

そこに現代の資本主義の、
避けられない大きな特徴があるように思えます。

自らの「存在価値」を守るために、市場で存在感を示すこと、それがあらゆる人々の心の中にある思いとなりつつあるように見えるのです。
それは、どこまで行っても逃れられない、人々の心の底にある大きな不安を想像させます。

億単位のお金を毎年稼ぎ出すような人たちですら「降りられない」現代の社会では、いったいどんな道があるのでしょう？

この10年で世の中は大きく変わります。
みなさんが大人になっていく、この10年で。
その大切な10年の間に考えるためのヒントをお話ししようと思います。

本書は、大きな曲がり角にある資本主義について、14歳のみなさんをひとまず念頭におきながら、いまわかっておいてほしいこと、一緒に考え始めてほしいことを語りかけるような気持ちでまとめてみました。

企画、制作したＮＨＫ「欲望の資本主義」という番組に登場したさまざまな世界の学者や研究者たちの言葉も引用しながら、僕自身みなさんとともにいま、これからの社会のあり方を考えていこうとしています。大学で経済学を学び、その後番組制作の現場で、大学の教壇で、企業人の方々との議論で、さまざまな場を通しての経験からの発想も、ちりばめました。

大人の方も、ぜひこの機会に、この本を通して、資本主義について、社会について、世界について、一緒に考えてくだされば、うれしく思います。

これからの時代に必要な考え方とは？

「正解がない時代」のいま、これからを、
生きていくために。

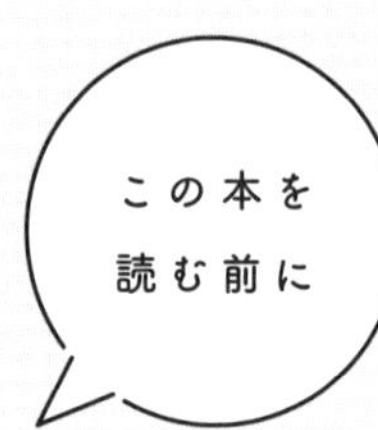

「資本主義、どうなるの？」お話を聞いた世界の「知性」たち

これからの時代、何を大切にして、どう対応していけば良いか？
世の中どうなっていくのか？　経済学者から哲学者まで
さまざまな人たちがアドバイスしてくれます。

経済学の巨人たち

アダム・スミス

「経済学の父」とも
呼ばれる、
イギリスの思想家。

ヨーゼフ・アロイス・
シュンペーター

社会を大きくとらえる
ズバ抜けたセンスの
経済学者。

ジョン・メイナード・ケインズ

イギリスの経済学者で、
20世紀経済学の巨人。

カール・マルクス

資本主義に対抗して
社会主義を発想した思想家。

14歳からの資本主義――目次

第2章

グローバル化が進んだ世界

「成長」しなけりゃ資本主義じゃない？

第3章

「共感」が商品になる時代のワナ

精神を奪い合う時代の資本主義とは？

テクノロジーが格差を生む

創造的であれ！　さもなければ死だ

第5章

「世界標準」を握った者が独り占めする？

GAFAは「現代の神」か？

第6章

資本主義が、壊れる？

〝闇の力〟が目覚めるとき

第7章

「欲望」が、資本主義のかたちを決める？

ルールはいつの間にか書き換えられる

第8章

「欲しい」は、どこまで自分の欲望か？

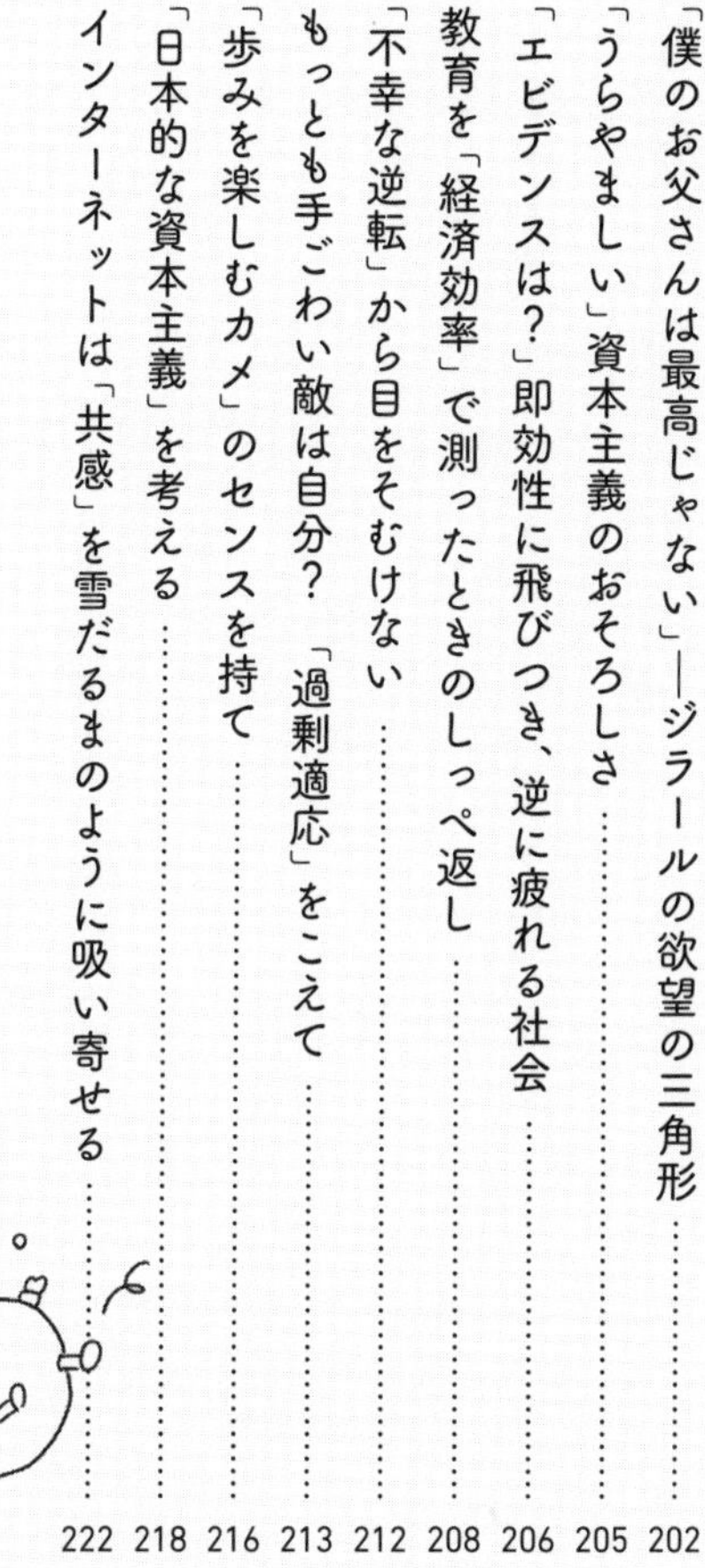

いま僕たちはどんな世界に生きている？

やめられない、とまらない資本主義

資本主義の根本にある考え方は、実は、ある意味とてもシンプルです。自由な取り引きを行う、そのための競争。それが行われる場所は、「市場」です。そのしくみとは？

「資本主義」ってナンだ？

「資本主義」。

この言葉を聞いて、みなさん、
どんなことを思い浮かべるのでしょう？

とても、重要な言葉です。

なぜならいまの時代、この地球上のかなり多く、ほとんどの国々が採用している経済システム、社会の制度なのですから。

しかし、重要な考え方ほど、大人はいい加減なのか、それともずるいのか？　よくよくその本来の意味を考えずに使っているもの……。

それが証拠にまわりの大人たちに、ちょっときいてみると、いいかもしれません。

「資本主義って、何ですか？」

みんな一瞬、えっ？　という顔をして、シドロモドロに……。「子どもはそんな難しいこと考えなくてもいいんだよ」とか言って、どこかに行ってしまうかもしれませんね。

そもそも、重要な根本的な問題ほど、実はどこかで「あたりまえ」のことにして考えなくなっていくもののようです、人間というものは。それが大人になることだと思われているとしたら、ちょっと悲しいですね。

そして、そのとき、その大人たちを責められないほどに、実はいま「資本主義」というものを定義し、その一番本質的なところをつかまえることが、すごく難しい時代であることも確かなのかもしれません。

いったい、資本主義とは、何なのでしょう？

みなさんが大人になるころ、世の中はどうなっているのでしょうか？

「あたりまえ」
だからこそ考えない

時代が変われば「働き方」も変わる？

みんな、お父さん、お母さんの背中を通して、社会の中で働くということについて、考えてみたことがあるのではないでしょうか？　そして、お父さん、お母さん、それから街中で見かける大人たちの姿を見て、大変そうだなって思ったこともあるのではないですか？

朝早くから、夜遅くまで、満員電車に揺られて仕事に向かう人、店頭でものを売る人、工場でものを作る人……。仕事の中身はさまざまですが、みんな、それぞれの大変さがあります。もちろん、それと背中合わせで喜びもあるのですが。

いま、世の中は、「働き方」をめぐる議論が広がりを見せています。

私たちは働く。生きるため、お金のため、社会のため。
雨の日も。風の日も。それが資本主義のルール……。

（『欲望の資本主義2018』）

これが、多くの人たちがそう信じているルールと言っていいのかもしれません。
ですが、毎日、あたりまえのことになってしまうと、人は、「なぜ？」「何のために？」という問いを、いつの間にか、忘れてしまいます。そしてあるとき、仕事がうまくいかなくなって、いやになってしまって……。そんなときに、「なぜ？」と、問いを始めるのでは、ちょっと遅いのかもしれません。
だから、いまから少しだけ考え始めてみましょう。

いま僕たちが生活している資本主義という社会のしくみについて。

「資本から新たな価値を生み出す」とは

20世紀の経済学者で、思想家でもあった、ヨーゼフ・アロイス・シュンペーターという、オーストリア・ハンガリー帝国出身の学者がいます。彼は社会全体を大きくとらえるセンスを持っていました。その彼が、こんな言葉を残しています。

資本主義は、成功する。だが、その成功ゆえに、自ら壊れる。

難しいですか？　そして、いきなり、いま僕たちが現実に過ごしているはずの社会制度が壊れてしまうなんて、なんて怖いことを言う人なんだ、と思ったかもしれませんね。この言葉が世に出たのは、80年ぐらい前なのですが、その意味するところはとても深いのです。社会を動かす力、その本質を見つめたときに、彼がたどりついた考察です。

この言葉でシュンペーターが伝えたかったことはもう少し後で詳しく説明しますが、いま資本主義は、実は、あまり調子の良いものではないようなのです。

シュンペーターが言うように壊れてしまうというところまではいかないと信じたいですが、世界中で、その危険性を指摘する人たちが増えています。

さまざまな問題が絡み合い、あちこち具合が悪いところが見つか

ヨーゼフ・アロイス・シュンペーター

社会を大きくとらえるズバ抜けたセンスの経済学者。

ポイント

今、資本主義は調子が良くない？

って、どこからどう手をつけていいのかわからない病気のように言われることもあります。

そうした大変な問題はこの後ゆっくり見ていくとして、ひとまず学校で、「資本主義」について、どう教わるのか？

中学校の社会科の教科書をパラパラとめくってみました。

私企業の生産活動を中心に営まれる経済のあり方を資本主義経済と呼びます。

『中学社会　公民　ともに生きる』（教育出版）

企業の生産活動の最大の目的は、利潤の獲得です。
生産活動の元となる資金は資本と呼ばれ、
この資本という言葉をとって、私たちの経済は資本主義経済と呼ばれます。

『新編　新しい社会　公民』（東京書籍）

お金をめぐる取り引きは、自由に行われるのが原則です。そこで、みんな、「もうけ」が欲しい、「得」をしたい、こうした欲望をエネルギーとして、さまざまな活動が行われるのが資本主義、というわけですね。

資本主義は、資本から、価値を生み出すことを原動力としています。

「**資本**」というのは、もうけを生み出すのに必要な、さまざまな資材（生産要素）のことです。

たとえば、工場などであれば機械などの設備のこと、原材料などを思い浮かべてもらえばいいでしょう。ものを売る商売の場合でも、お店が必要になりますよね？その店も資本です。もしかしたら、みなさんのようにインターネットの存在があたりまえとなっている世代なら、実際のお店なんか必要ないじゃないか、と思う人もいるかもしれませんね。でも、インターネットでものを売る場合でも、コンピューターやスマートフォンが必要で、そこに販売を受け付けるホームページが必要な場合もありますし、買い手を募るための通信設備も必要となります。

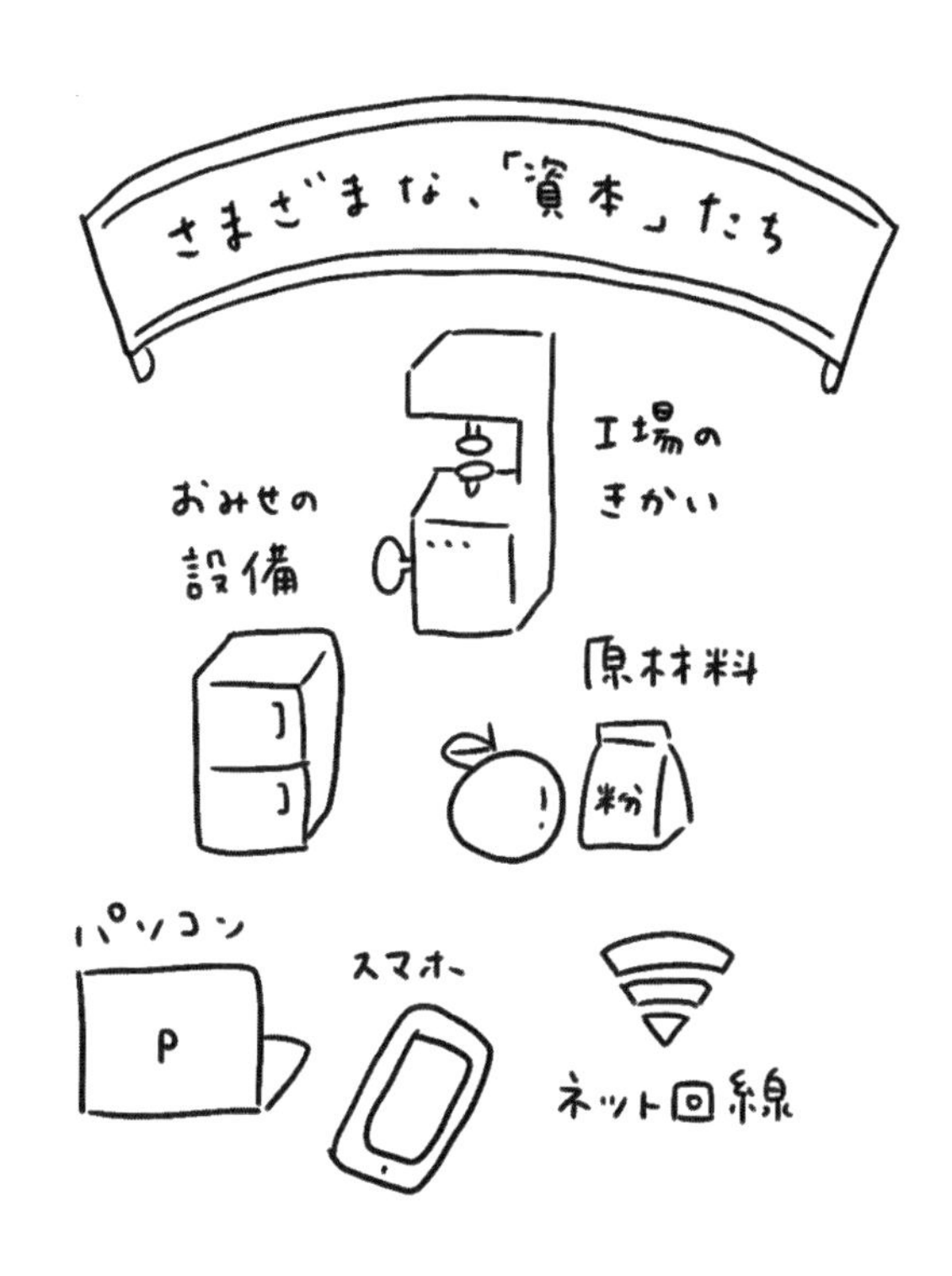

工場などの「設備」や「原材料」、
ものを売る商売の場合の「お店」、
ネットでものを売る場合でも
「コンピューター」や「スマートフォン」、
そうしたすべてが「資本」です。

そうしたすべてが「資本」となります。

そこでどんなものを売るか、と考えることが、資本主義の世の中で、働こうとするとき、仕事をしようというとき、ひとつのスタートとなるのです。

スタートを切ったからには、そこから走り続けなくてはなりません。「資本主義」には、単にみんなが「**もうけ**」を目指して活動するというだけではなく、その競争でもうひとつ、大事な要素があります。

それは、「**時間**」です。

一定の時間の中で結果を出すことが求められるのですね。同じ数の商品を作ることができたとしても、それが1日でできるのか、それとも2日かかるのか。より早く作ることができるほうが多くの場合評価され、価値もあることになるのです。

「価値」は、ひとりでは決められない

では、「**価値**」とは何でしょう?

「この本、価値あるよね〜」などと友達と言ったりしますよね。

ひとまず、そのものを「買いたい」という人が現れることです。そして、できるだけ多くの人が「買いたい」と言ってくれれば、さらに価値があることになります。

１個１００円のパンがあったとしましょう。それは、１００円出しても欲しい、１００円出すだけの価値がある、ということを意味しているわけですね。

では、今度は、新たにジャムパンを作ることにしたら、どうでしょう。

パン屋さんは、ジャムパンを２００円に設定しました。２００円のジャムパン。パンにジャムがついているぶん価値があるから１００円＋１００円で２００円だ、というのがひとつの説明です。

どうしてひとつのと言ったかわかりますか？

あくまでパンを作って売る側の人の考えだからです。この場合、ただのパンなら１００円、ジャムパンなら２００円、それだけの価値があると、ひとまずパン屋さんが考えたというわけです。そしてお店で、１００円のパンの隣に、２００円のジャムパンを置いてみたとしましょう。

売れ行きは？　いまひとつ、でした。２００円は高いのか、ジャムに１００円の価

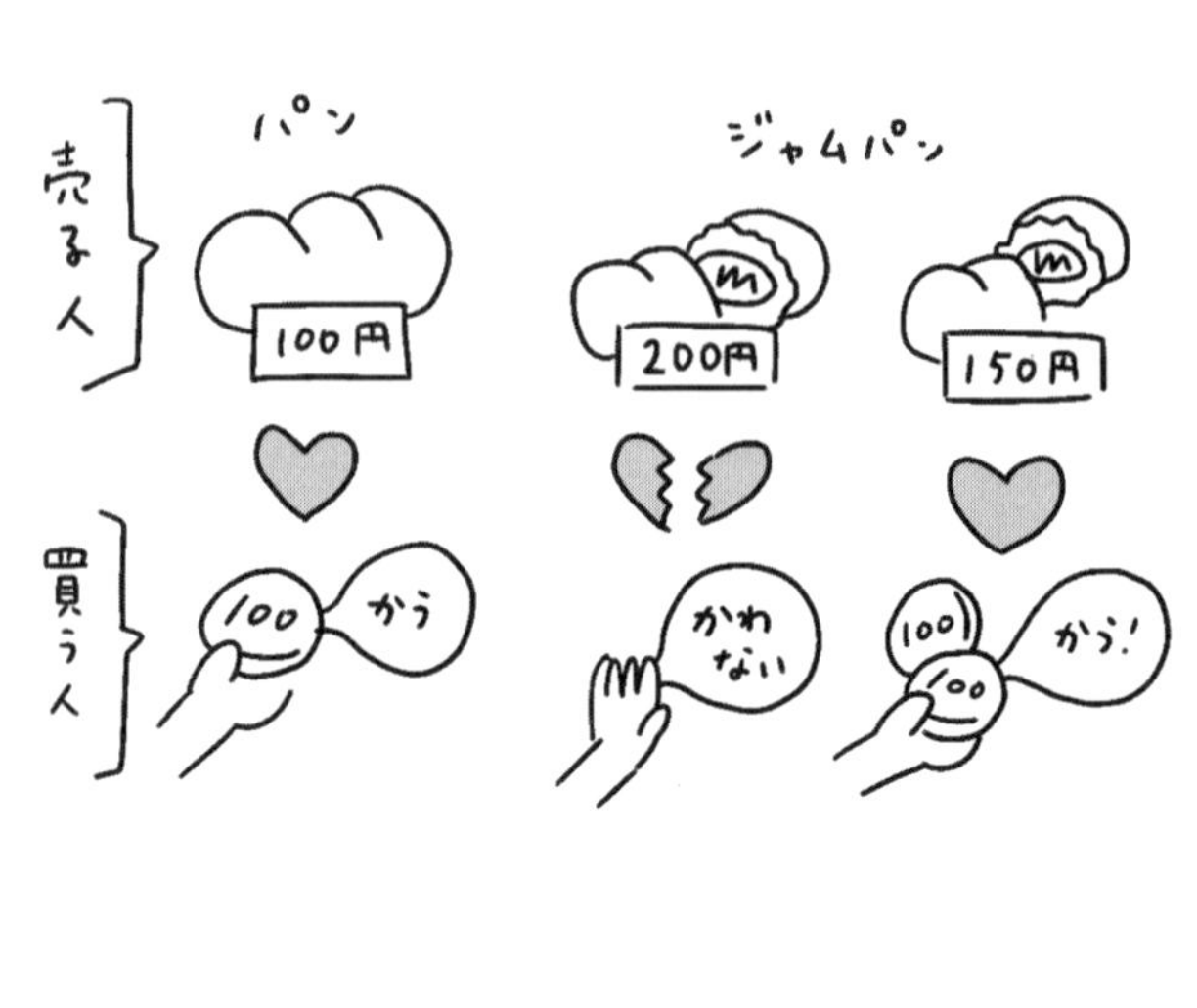
売る人
パン
ジャムパン
100円
200円
150円
買う人
100
かう
かわない
100
100
かう!

売る人と買う人が
両思いになれる値段
=
パンの価値

値がなかったのか、パン屋さんはもう一度、考え直します。

そして今度は150円で店頭に置いてみることにしました。順調に売れました。ジャム自体は50円分の価値だったということなのでしょうか……。

あたりまえの話を長々しているように感じたかもしれませんね。

でも、どんなに複雑に見える世の中の経済行為、取り引きでも、パンを作り、売る側の思いと、買う側の思いが、ちょうど一致するところで値段が決まり、それがそのものの価値だと、ひとまずはされるのです。パンは100円、ジャムパンは150円、というふうに。

この値段、価値を決める場所が、「市場（しじょう）」と言われるものです。

「市場」での綱引きが「価値」を決める

だいたいの場合はお店ですでに値札がついている状態で、商品と出合うわけですが、パン100円、ジャムパン150円、メロンパン180円……と値札がついている、そこまでの過程には、すでに、ギリギリのところで売れるか売れないか、お店の人が、いままで「市場」に出してみたときの経験からの「読み」があります。

また、買う側の人にしてみれば、ギリギリのところで、１００円出しても欲しいかどうかの判断、つまり「価値」をめぐるせめぎあいがある、というわけなのです。

もちろん、そのとき、売る側の人からしてみたら、「損」をしてまで売るわけにはいきませんよね。

たとえば、ジャムを作るためのイチゴや砂糖などの材料、そしてそこで手を加える手間暇をお金で計算してみて50円をオーバーしてしまっていたら、売れるたびに赤字になってしまうので、それは避けたいはずですから。

そして、この「市場」という場所、大きくゆれ動くことも、まれにあり得ます。たとえば、災害などで、食べるものがなかなか届かない地域が生まれたとしましょう。パンが急に貴重品になる事態が生まれたとしたら？　昨日まで１００円だったもの

値段をめぐる「綱引き」

が300円になることがあったとしても、おかしくはありません。

あるいは、お金持ちの人が来て、「金に糸目はつけない。とにかくおいしいジャムパンを、最高の素材で作ってください」と言ってきたとしたら、それはそれで商品の値段は上がるかもしれません。

市場という場所では、売る側と買う側の値段をめぐる「綱引き」があるのです。

「見えざる手」──経済学の父の「発明」

市場で、人々の自由な思いでさまざまな売り買いが行われ、こうしてひとつの価格に落ち着いていく調整が行われることを、面白い言葉で表現した人がいました。

「**見えざる手**」

「経済学の父」とも呼ばれる、アダム・スミスというイギリスの思想家です。240年ほど前に書かれ

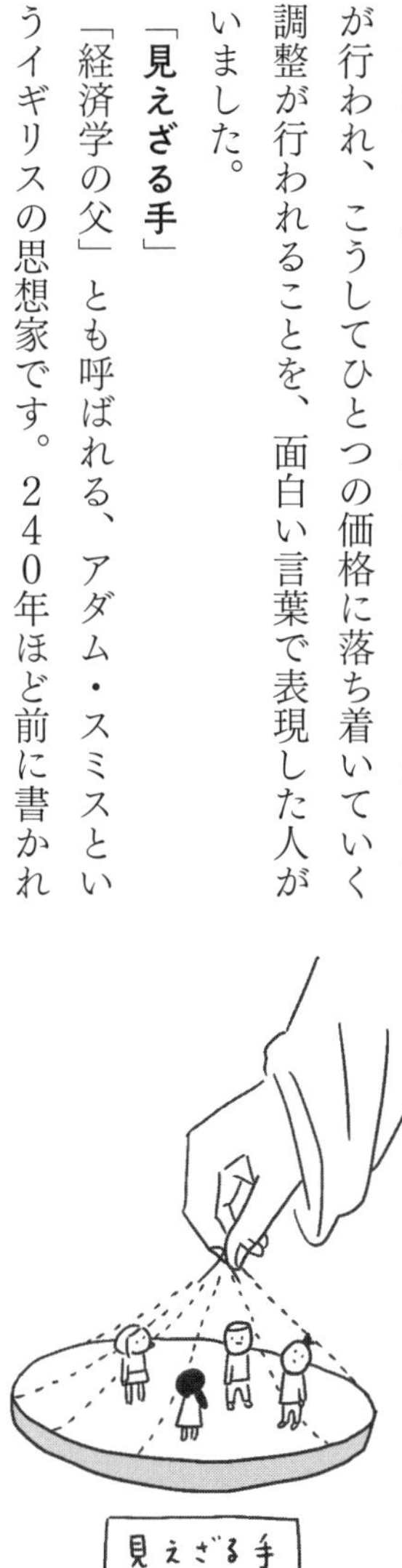

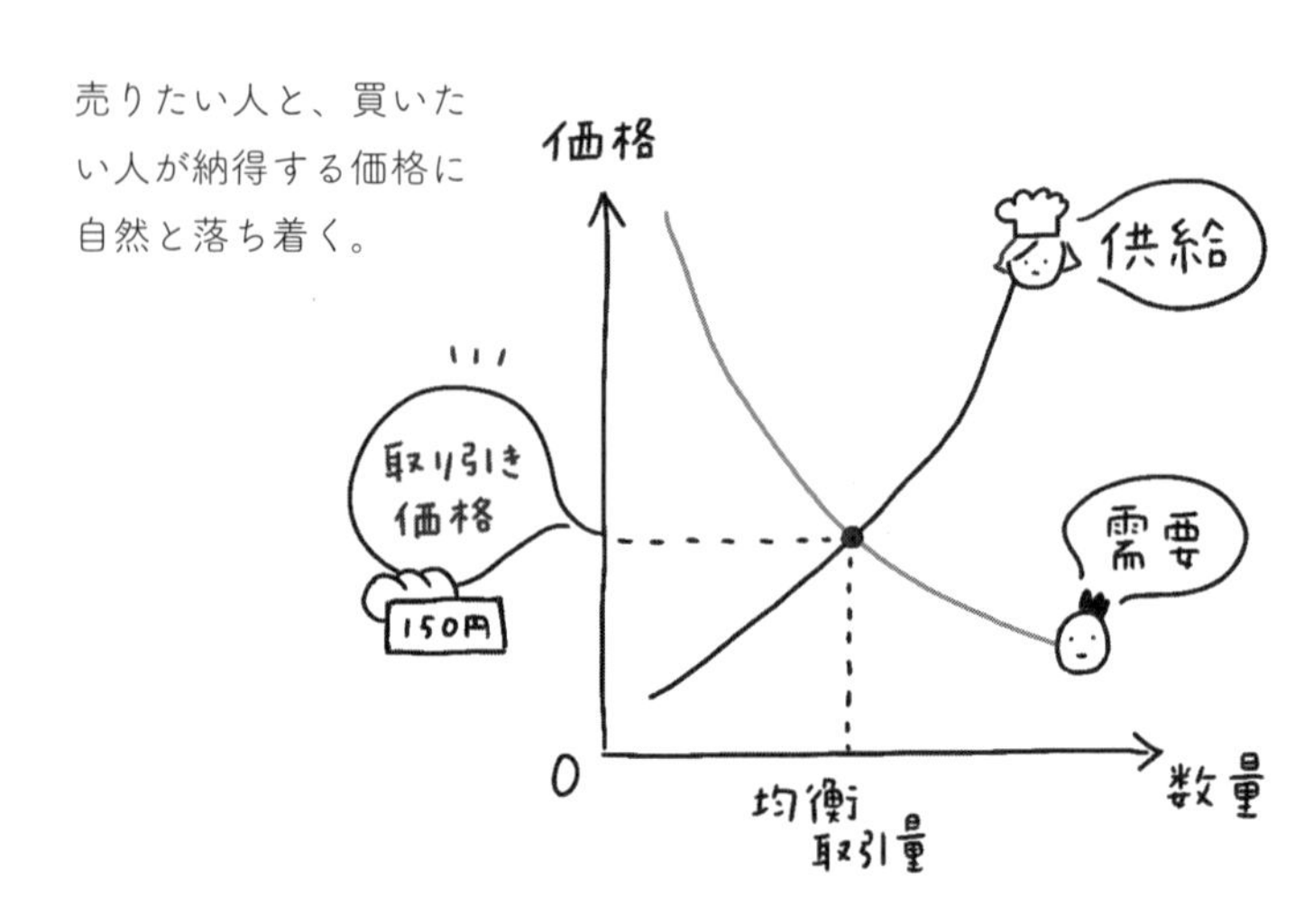

売りたい人と、買いたい人が納得する価格に自然と落ち着く。

た著書『国富論』で用いられた言葉です。

先に具体的に見たように、市場では誰もが、売り手も買い手も、その利益をもっとも大きくするため、利益の最大化を目指して動きます。

そのときの「欲しい」という気持ちを「**需要**」、「売りたい」という気持ちを「**供給**」と呼ぶわけですが、その「需要」と「供給」が交わる交点で実現される「**価格**」は、当事者だけでなく社会全体にとっても意義があり、社会全体の利益として、もっともすばらしいかたちになると説いたのです。

もちろん、自由な取り引きであること、さまざまな情報が偏（かたよ）ることなく市場の全員に伝わっているなどの条件つきではありますが。

みんな勝手に、「欲しい」「売りたい」という自分の欲望を満たそうとする活動が公共の利益につながる……、それが真実ならば、こんなにすばらしいことはないですよね。このアイデアが、市場というもののあり方に根拠を与えたのです。アダム・スミスが「**経済学の父**」と呼ばれるわけです。

ただ、そのとき、もうひとつ大事なことも忘れるわけにはいきません。

スミスがこの言葉を唱えたのはこの著書の中ではただ一度、しかも、もう1冊の著書『道徳感情論』では、自らの欲望による行動だけでなく人間社会における他人への「共感」の大事さを強調しているのです。

そしてさらにもうひとつ、スミスがこれらの著書を書いたのは産業革命以前の時代、ここまでデジタル化が進み、日々ネット上で膨大な商取り引きが行われている現代など知るはずもない時代の言葉なのですから。

スミスの真意はどこにあるのでしょう？

少なくとも自らの欲望をなりふりかまわず最大化することのいいわけとして用いら

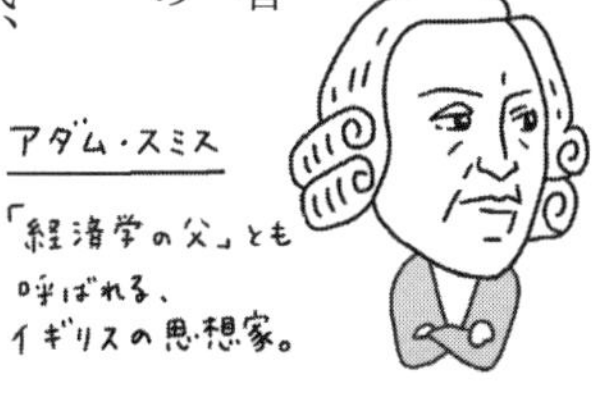

アダム・スミス

「経済学の父」とも呼ばれる、イギリスの思想家。

れることは、まったく彼の本意ではないでしょうね。

どうでしょうか？　こうして、「市場」が生み出す「価値」というものの、自由さと不安定さ、ちょっと身近になってきたでしょうか？

そして、その自由と不安定のせめぎあいの中から、お金という、さまざまなものと交換ができる存在、予期せぬ未来への備えとなる存在を、みんなが欲しがるわけですね。お金があればあるほど、市場では少なくとも、選択の幅が広がります。パンも、ジャムパンも、メロンパンもみんな、欲しければ欲しいだけ買えるのですから。

だから、そこに「**競争**」が生まれるのです。

市場の競争の前に「不平等」を減らすということ

ここでひとつ。

市場での競争のためには、その前提として、平等な状況がなければならないはずですよね。では、それをさまたげる、不平等な状況とは何でしょう？

たとえば、同じ労働をしているのに、同じ賃金をもらうということが実現されないこと、さらに、先進国で親の収入格差がそのまま子どもの世代にも継承されてしまうこと、などと言えるのかもしれません。ひとつの国の中で、もともと生まれた環境の豊かさの違いは、競争に対して、本来、不平等な状況と言えます。

しかし一方で、何をもって平等とするか？　本当の平等とは何か？　こうした、そもそも……ということを考えだすと、これが意外と答えるのが難しいのですね。

社会を構成するすべての人が平等であることは、古代ギリシアの時代から理想として掲げられながらも、全員が納得してその達成、実現を感じることが大変難しい理念とも言えます。人は生まれる環境は選べないのですから。

「平等ではない」状態。そこから、何を基準に考えて、どう「平等」を目指すか。

そこには世界観、人生観など、さまざまな価値観の違いも複雑に関係し、議論になることでしょう。

　とはいえ、少しでも先にあげたような「不平等」は、減らしたほうがいいことは明らかです。実現が困難であっても、いや困難だからこそ、バランスある資本主義を維持していくために、いつも僕たちが心に留めておかねばならない課題だと思います。

欲望が欲望を生む？

　いつも競争は、始まってしまえば、どこかで終わるというものではないようです。

「より速く、より多く、より遠くへ」

　これが、いつも目指されていきます。

　昨日より今日、今日より明日……。未来に向かってより価値を高めることが目標になっていくのです。そして、生産者は、もうけた分をさらに次の生産のために投資します。パン工場は拡大を目指しますし、さらに二号店の計画も生まれることでしょう。

　つまり、こういう言い方もできますね。


資本主義とは、限りない資本の「自己増殖」を原動力とする運動である。

「**自己増殖**」。つまり、「自分でどんどん増えていく」ということです。そしてそれは、だんだん、ひとりの人間の意志ではコントロールが難しくなっていく、ということも意味しています。

さっきから例に出しているパン屋さんでも、メロンパンが売れて、ある程度成功を収めた人がいたとしますね。

工場は拡大、メロンパンが、ひとつのブランドとなったとしましょう。初めにひとりでパン作りを始めた社長さんはとてもうれしいことでしょう。

そして、その成功をきっかけに、「もうこんなにもうかったから、これからはもう少し自分が納得するような変わったパンを作りたい」と、思ったとします。

しかし、そのときには、最初のようにそう簡単にはいきません。その工場では、もう100人ほどのパン作りの職人さんが働いています。

「社長、失敗したらどうするんですか？」

「確実に売れるメロンパンを作っていきましょう」

そんな声があがったとき、社長さんは、工場内の人々の思いをまとめるのにとても苦労することでしょう。

もちろん、「メロンパンが飽きられないうちに次の新しいパンを作って、どんどんもうけましょう。社長の意見に賛成です」と言う人もいるかもしれません。

ただここで、少し丁寧に考えてみなければならないのは、そもそも何のためにパン作りを始めたのか、ということのはずです。

社長さんは、もともとひとりでどんな思いでパン作りを始めたのかということです。いまや、ひとりのパン職人の思いでは、ものごとは決められなくなり、工場、つまり会社という存在、個人ではなく集団の意志が、より大きくなることを望み始めているのです。

そして、その会社、たとえば、この工場には、100人いれば100の異なる、パンに対する、お金に対する思いがあるのです。100の欲望のかたちがあるのです。

「**資本の自己増殖**」の一例です。

資本主義の定義は、こうして見てくると、もうひとつ、こういう言い方もできるのかもしれません。

それは欲望が欲望を生む、はてしない、やめられない過程でもある、と。

ちょっと激しい表現だったでしょうか？

ただ、先の例でも、「作りたいパンを作る」という本当に素朴なことが、実際に社会の中で動き始めると、なかなか難しいことがわかりますよね。

この資本主義というしくみの中で自分を見失うことなく生きていくためには、その性質をよく知って、欲望にただ流されるだけではない、異なるものの見方の可能性も見つけておくことは、大事なことなのです。

グローバル化が進んだ世界

「成長」しなけりゃ資本主義じゃない？

経済的な不安が、ある国で広がると、
すぐ世界の市場へと連鎖します。
それが「グローバル化」と呼ばれる
状況です。さてそんな状況で、世界
が安定しながら「成長」へと進む方
法はあるのでしょうか?

世界の「需要」が不足している？

いま、資本主義の何が問題なのでしょう？

大人たちがいろいろと大変だと言っています。ノーベル賞ももらった、ジョセフ・スティグリッツというアメリカの経済学の大家（たいか）がこう言っています。

> **いま問題なのは、世界の総需要が不足していることだ。そのせいで、世界経済が減速している。**
>
> （ジョセフ・スティグリッツ）

そんなことを突然言われても困りますか？

需要というのは、「ものが欲しい」という気持ちだと、さっき説明しましたね。パンが欲しい、ジャムパンが欲しい、そうした気持ちを反映させた世界中の市場での取り引きの結果、その金額を合わせた数字が「**総需要**」と呼ばれるものです。

ジョセフ・スティグリッツ

アメリカ人経済学者。ノーベル経済学賞を受賞。

いわば、お金を払って何かを買いたいという世界中の気持ちのすべての合計です。

「ものが欲しい」という気持ちの人が世界で減ると、問題だというのは、いったいどういうことなのでしょう？

たとえば、小さな商店街の中だけで、需要と供給を満たしていくだけであれば、別に困った話ではないと思う人もいるかもしれません。ある範囲の生活圏の中で、すべてが完結するのであれば。

しかしいまや、世界中の「市場」がつながっているのです。パン屋さんも少しでも安い原材料を、隣の町から、さらに隣の国から、さらに安いところが見つかれば遠い国から輸入しようとします。競争ですから。そしてその競争に、国境はありません。

「グローバル化」ってナンだ？

これを**「グローバル化」**と言います。

そして、このグローバル化によって、世界の市場がつながり、世界中で「より安い」を追求する競争が行われているのです。

世界のさまざまな国や地域が、市場とみなされることで、少しでも安い材料を手に入れるための競争が起こります。そして、世界中の市場がつながったことによって、地球のひとつの場所での経済破たんが通貨危機として広がったり、また世界同時不況として波及するような事態も生まれています。

こうした不安定な要素を抱えていたとしても、まずは、市場での取り引きが活発で、お金が行き交うほどいいことだと思われているのが、現代の資本主義です。

お金というのは、よく流れているほど健康だという意味から、「社会の血液」と言われる理由も、ここにあります。

「お金持ちがお金を使わない」これが問題だ?

世界の総需要の不足には、いくつかの原因がある。

まず中国の減速。〝量の成長〟から〝質の成長〟へ変化し、世界に大きな影響を与えている。
もうひとつはユーロ圏だ。数々の問題を抱えている。
ユーロでは、通貨の統合が成長をさまたげてきた。

（ジョセフ・スティグリッツ）

この30年ほどの間に、社会主義の国であるはずの中国も「**経済開放政策**」という言い方をして、資本主義のしくみを取り入れてきました。その人口の多さが、世界の経済にも大きな影響を与えてきたのです。

中国の大きな「需要」に向けて世界の多くの国々が商品を売る、また中国のたくさんの人々を働き手として雇うことで会社を拡大させるなど、中国は、世界の「市場」であり、「工場」でもあったのです。

ユーロ圏というのは、ヨーロッパのさまざまな国々が加盟してできている大きな市場です。共通の通貨ユーロを導入して活性化を図ったのですが、いまひとつ、うまくいっていないのですね。イギリスが、２０１６年の国民投票でそこから離脱したいと

いう声が上回ったことは、大きな話題になりました。
スティグリッツはこの後、もっと重要な問題を指摘しています。

ただ、全体としては別の要因が潜んでいる。
「不平等の増大」だ。
貧困層から富裕層へと富は吸い上げられ、
富裕層は貧困層に比べ、お金を使わない。
これが全体の需要を押し下げ、
成長にブレーキをかけているのだ。

（ジョセフ・スティグリッツ）

「**不平等の増大**」。
いままでの経済では、「お金の循環」がある程度、うまくいっていました。
お金持ちがお金を使えば、それによって貧しい人にも行き渡り、貧しい人がお金を使うことでまたお金持ちにもお金が戻り……。このように市場でさまざまな取り引きが行われ、ぐるぐるとお金がまわることで、みんな豊かさを感じられる流れがあったというのです。

しかしいま、お金持ちのところに行ったお金がなかなか社会全体にまわらない状況になっているのではないか、それが、世界の需要が伸びない理由だと、スティグリッツは言うのです。

ポイント

世界の需要が
伸びないのは
お金持ちのお金が
社会に回らないから？

資本主義に「成長」は必要条件？

しかし、このスティグリッツの考え方に、ひとつ根本的な疑問を投げかける人もいます。チェコで銀行のエコノミストであり、ユニークな視点を持つことで知られる経済学者、トーマス・セドラチェクという人です。

いまの世界は資本主義か、それとも〝成長〟資本主義か。
僕は〝成長〟資本主義だと思っている。
みんな成長のことばかり気にしている。

成長できなかったら「もう終わりだ！」ってね。
おかしいだろう？　どこに書いてある？
聖書に？　空に？　数学モデルに？　過去に証明されたのか？
ノーだ。資本主義が必ず成長するというのは、単なる思いこみだ。
成長に反対なわけじゃない。いい天気がいやなはずがないだろう。
問題は、社会、年金、銀行……すべて成長が前提になっていることだ。
まるで毎日快晴だと決めつけて船を造るようなものだね。
そんな船はダメだ。凪でも嵐でも航海できるのがいい船だろう。
そりゃ、天気がいいに越したことはない。
でも、それを前提にして船を造ってはいけない。

（トーマス・セドラチェク）

トーマス・セドラチェク
チェコの経済学者。
24歳で大統領の
経済アドバイザーも務めた。

面白いたとえですね。
放っておいても景気がよい「晴れの日」、つまり成長が維持される間は、もちろんよいのですが、「雨の日」「嵐の日」もあるのが、自然のサイクルですよね。天気が崩れたとき、つまり成長が難しいときに備えてこその経済政策ではないか？　成長なしでも維持できる資本主義のスタイルがあるのではないか？　というわけです。

では、また教科書をのぞいてみましょう。

経済成長とは、私たちが使える財やサービスが増えていくことです。

詳しくいうと、1年間に新たに生み出される財やサービスの価値（付加価値）が大きくなっていくことです。

付加価値は、価格と違います。

例えば、パン1個の価格を300円として、そのうち200円分が原材料費などの費用だとすると、付加価値は100円になります。

付加価値を日本全体で合計したものを国内総生産（GDP）といい、GDPが大きくなることを経済成長といいます。

GDPの1年間の増加率が経済成長率です。経済成長は、家計の所得や企業の利益を増加させるもので、人々の生活をより豊かにするものと考えられています。

（『中学社会　公民　ともに生きる』教育出版）

最後のところが肝心なのかもしれません。

「生活をより豊かにするもの」かどうか、本当にはわかりません。

「考えられている」だけなのかもしれません。そのことをセドラチェクは言っているわけですね。彼は続けます。

市場は「手段」であって「目的」ではない？

社会主義を捨てて資本主義をインストールしていたころ、

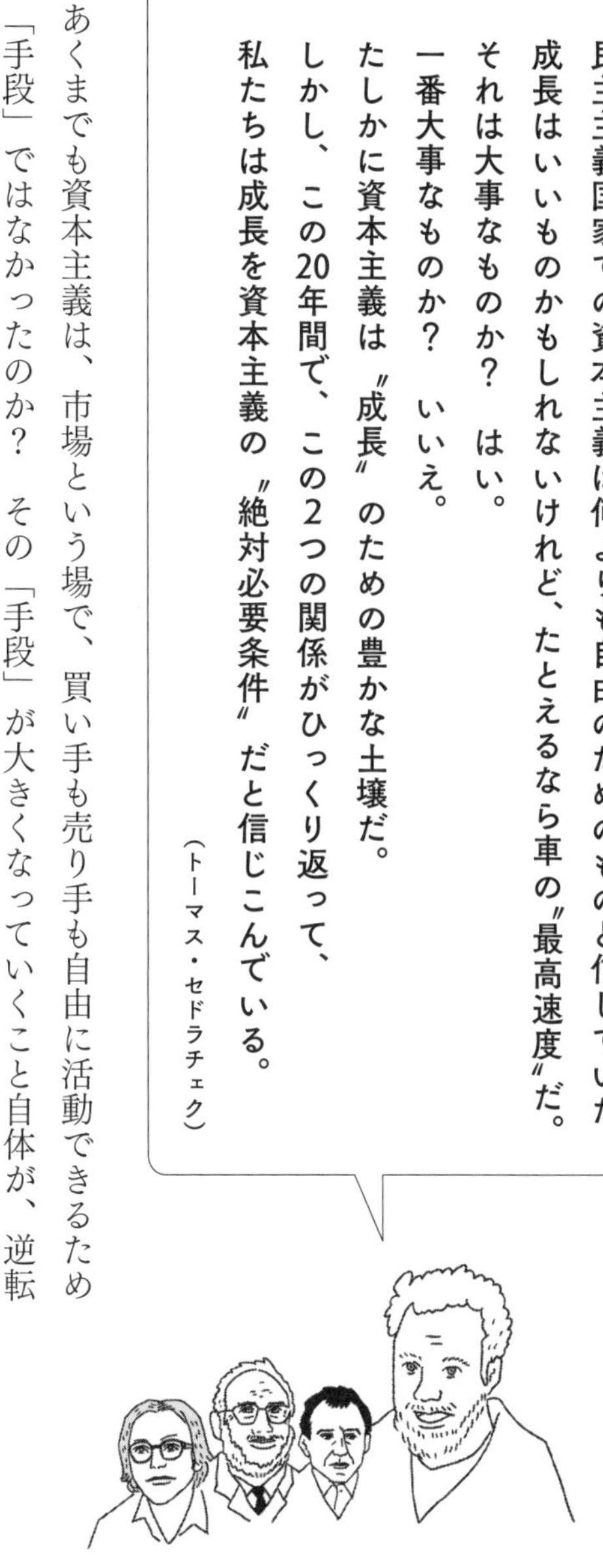

あくまでも資本主義は、市場という場で、買い手も売り手も自由に活動できるための「手段」ではなかったのか？　その「手段」が大きくなっていくこと自体が、逆転して「目的」となってしまっているのではないのか？　とセドラチェクは言います。

セドラチェクの出身国、チェコはかつて社会主義でした。

「市場」の代わりに「計画」があった社会で子ども時代を過ごし、その後、資本主義と出会ったセドラチェクにしてみれば、「市場＝自由」という思いは、実際の経験の中に深く刻みこまれているのです。そして同時に、その「自由」への思いがあるからこそ、大事な「自由」を手にしている間はいいけれど、「成長」が必要条件になっていく「不自由」について考えるべきだと主張します。

資本主義を知るために、社会主義が必要？

そうした意味で、人間は、本当に面白い生き物だなと思います。他のものと比べることで、物事を理解するのですね。

セドラチェクの言う「資本主義＝自由主義」という感覚は、実はこの日本でも、1980年代まであったものだと言えるのかもしれません。

つまり、社会主義との対比で、自分たちが生きている資本主義という社会を理解していたのです。30年ほど前までは、いまよりももっとシンプルな定義で、多くの人々が資本主義という制度を納得していたように思えます。それは、対立する考え方として、社会主義というものがあったことが大きかったのです。

「資本主義」は、市場で多くの人々の自由な意思によって売買が行われ、富が配分されていく社会です。

「社会主義」は、計画経済とも呼ばれ、社会全体で必要な物資の量、その配分を、中央の政府がまとめて計画するというものでした。

ですから、その定義どおりであれば、社会主義には、自由な売り手、買い手がいる「市場」は存在しないことになります。

一番わかりやすいイメージは、魚の市場のセリの場面ですね。あれがあるのが資本主義、ないのが社会主義、というのが普通の人々の理解のしかただったと言えるでしょう。

資本主義と社会主義というふたつの思想。1989年のドイツ「**ベルリンの壁**」が崩壊する前は社会主義というものが多くの国々で実際に存在し

ポイント

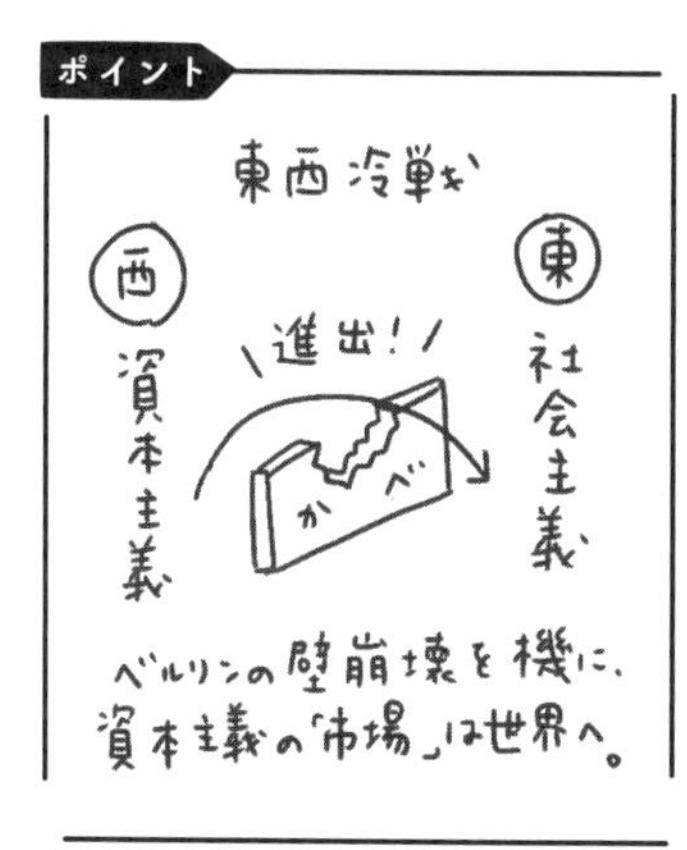

ていました。ソ連を中心とする東の社会主義陣営と、アメリカを中心とする西の資本主義陣営という言い方がされていました。ふたつの考え方のぶつかり合いが、「**東西冷戦**」という言い方でも表現されていた時代です。

こうした東西の壁も壊れておよそ30年、その間に、資本主義は社会主義という壁が壊れたことで、世界を「市場」とするようになり広がっていったのです。

「教育」に投資すべき

現代の社会がもろ手をあげて望む成長「至上」主義。そこで少し注意深く考えることが必要になります。

実はこの点については、スティグリッツも同意しているのです。

経済成長について話すときは、

「成長」の意味をはっきりさせないといけない。

GDPは経済力を測るにはいい指標とは言えない。

環境汚染、資源乱用を考慮に入れていないし、
富の分配も社会の持続性も考慮されていない。問題だらけだ。
経済における成長の本質をこの先変えていくべきだと強く思っている。
すでに明らかなのは物質主義的経済——天然資源を
ジャブジャブ使って二酸化炭素を大量に排出するようなことは、
持続不可能だということだ。
もうそのような成長はなしえない。
だが他のかたちの成長がある。まだまだ繁栄できるし、
新たなイノベーションを生み出せるはずだ。

（ジョセフ・スティグリッツ）

そして、その対策として、彼は続けてこう語ります。

変化を起こすには政府の政策が必要だ。
「テクノロジー」や「インフラ」や「教育」に

もっと投資をしないといけない。
地球の気温を2度も上昇させてしまったことで、
多くの投資が必要になっている。
経済を整え、新エネルギーに移行し、都市構造を変える。
私たちには巨大な需要があるはずだ。

（ジョセフ・スティグリッツ）

こうした主張については、セドラチェクもおそらく同意することでしょう。
ただ単にいままでお金をつかってきた分野ばかりでがんばっても、自然を破壊し、環境を悪化させ、資源を枯渇させるばかり……。
そうではなくて、実は人々の「市場」での「需要」も、いままであまり「産業」として認識してこなかった「教育」などの分野にあるはずですし、社会全体をいい方向へと導く資本主義のあり方があるはずだ、というわけです。

時が富を生む魔術「利子」

「成長」し続けることこそが資本主義では大事だという考え方へと傾かせるのに大きな力を与えたアイデアがありました。

「利子」の誕生です。それは、言わば、「時が富を生む魔術」でした。

一定の期間借りたものには、そこに何らかの上乗せがあってしかるべき？

「貸し借り」の際に加えられる「お礼」の心理、みなさんにとっても、この感覚、もうあたりまえのものではないでしょうか？


しかし実はこの「利子」、その昔、ほとんどの宗教で禁じられていたのです。


「ロンドンで商売をするための資金として、100フィオリーニ貸してくれませんか」

14世紀イタリア・フィレンツェでひとりの商人が相談ごとを持ちかけます。働かずして得られる不労所得＝利子に教会が厳しく目を光らせる中で、

「待てよ……。フィレンツェとロンドン、**為替レート**（ある国の通貨と他の国の通貨の交換比率）の違いを、利用すれば……」

貨幣を、国境を越えて移動させることで「もうけ」を生むアイデアを思いついた男がいたのです。ジョバンニ・メディチ、その後15～18世紀、商業と金融で巨万の富をなした名門貴族、メディチ家の始祖です。

彼は、こうした取り引きを重ね、莫大（ばくだい）な利益を得ていきました。

空間の差を利用することで、利益の増殖は、ひとつの抜け道を見出だしたのです。貨幣経済以前から存在したとも言われる利子のような習慣は、このようにして後に合法化されていきました。

「利子というしくみ」が社会的に認められていったこと。

これこそが、資本主義最大の発明であり、同時にもう後戻りができない「禁断の果実」だったとも言えるのかもしれません。

時は金を生む。さらに、「時は金なり」。単なる制度にとどまらず、時間というものもひとつの「商品」であるという意識が人々の間に広がり、深く織りこまれたことは、大きな出来事でした。

「機会費用」がすべての基準となる？

「機会費用」という言葉があります。

たとえば、街中で長い行列に出合いました。いつも800円で売られているケーキが特別なキャンペーンで、なんと今日は無料だというのです。喜んで列に続こうと思ったのですが、大人気で1時間も並ばなくてはいけないそうです。さて、あなたはどうしますか？　並びますか？　やめますか？

こうしたときに、アメリカの経済学の入門書なら、すぐ簡単に答えを出してくれます。

あなたがアルバイトなどで時給800円より少ない額しか稼げないというのなら並ぶべきで、800円より多い額を稼ぐことができるのであるならば並ぶべきではない、と。

このように、**そのことをしなかったときに得られるはずの値を「機会費用」と言**

その行列に並ぶ
「価値」はあるのか？

います。ある選択をすること（この場合は並ぶことです）で、「犠牲」となったこと（この場合アルバイトをすることです）から得られるはずの収益で、もっとも値の大きいもののことです。

この機会費用の考え方は、さまざまな選択で用いることができるでしょう。

その1時間で、1日で、1週間で、仕事をするか？　旅行に行くか？

そこから得られるものと、かかる費用と考え合わせて、「損か得か」考えるときに基準となる便利な考え方ということもできます。

そして同時に、この考え方の背景にあるのも、「時は金なり」ということわざのような考え方。ただぼんやりとさせておく時間はないという思想だと思います。まさに「時が富を生む魔術＝利子」誕生以来の発想だと言えるかもしれませんね。

こうした、「機会費用」の考え方は、いつもさまざまな経済活動、サービスの用い方の効率を判定するときの基準となるもので、現代の経済学の基本となっているものだと言うことができると思います。

「利子」はコントロールできないお酒？

さて、いまなお現代の資本主義で重要な役割を果たす「利子」について、セドラチェクは警告します。

「利子」はナイフや火のようなものだ。
コントロールできる代物じゃないんだ。
利子率っていうのは、どう扱っていいものか
本当にわからないものだ。どんなにいい投資でも、
高速道路、大学、研究機関を作ったとしても、
お金は必ず返さないといけない。
教育レベルが高くて優秀な経済学者がたくさんいて、
大きな潜在力を持っている日本のような国でも、
借金を返せずに苦労している。

文明社会は「安定」を売り払ってしまった。
そして無理に「成長」を買っている。
僕らはいつもではなくとも、ときどき成長をもたらす
経済を作り出したが、いまは崩れかかっている。

（トーマス・セドラチェク）

さらに、こんな面白いたとえで説明してくれるのです。

「利子」はアルコールのようなものだ。
どちらもエネルギーをタイムトラベルさせることができるから。
金曜日の夜にお酒を飲んでいると、突然歌い出したり、
ほら、この国は「カラオケ」好きの国だろう?
お酒が入っていると歌いやすいよね。
「このあふれるほどのエネルギーはお酒が与えてくれたものだ」
って思うかもしれないが、ノー。それは間違いだ。

お酒がエネルギーをくれるわけじゃない。お酒がしたのは、土曜日の朝のエネルギーを金曜日の夜に移動させただけだ。二日酔いは間違いなく翌日にくるが、お金は40年も50年も時を超えることができる。こんなふうに危機につながったりするんだ。エネルギーが消えてしまうのだ。本当に必要なときに……。

（トーマス・セドラチェク）

14歳のみなさんは、まだ「二日酔い」なんてわかりませんよね。ただ、一時的に気持ちがよくなって舞い上がってしまったときに張り切り過ぎて、翌日になってから後悔する感覚は、お酒を飲む飲まないにかかわらず、誰もが経験したことがあるのではないでしょうか？

お祭りなどでみんなで盛り上がったときに、その興奮から、つい無駄遣いをしてしまい、あとになって後悔する、そんな経験は多くの人が持っていることでしょう。

「成長」か？「安定」か？　それが問題だ

どちらにしても、このあたりの「成長」というものに対する考え方は、議論がわかれる、現代の経済学のひとつのクライマックスかもしれませんね。

スティグリッツも、セドラチェクも、現在の世界の資本主義の厳しい状況、ゆがんだ方向性に対して批判的なのは一緒です。

しかし、そこでの対応策については、いままで「市場」の論理に乗ってこなかった分野への方向転換で解決する変化に期待するスティグリッツと、「市場」の本来の意義は、「自由」にあって「成長」ではないと考えるセドラチェクの間には、深い溝がありそうです。

「成長」か？「安定」か？

ひとまず単純化すると、こうなります。現代の資本主義にはおいては、多くの経済学者たちが頭を悩ませる大問題であることがふたりの言葉をこうして並べてみるだけでもよくわかります。

ちなみにこうした二者択一にすることを「**二元論**」と言うのですが、二元論はひとまず頭を整理するのには大事ですが、あくまでも「ひとまず」の思考法です。

さらに大事なのは、こうした単純化した図式をイメージしながらも、その間にあるさまざまな選択肢の可能性を探ったり、本質はどこにあるのかを考えていくことです。

そもそも「成長」か？「安定」か？　と言うとき、「成長」「安定」、それぞれの言葉の意味するところもまだあいまいですし、その分類のしかた自体が間違っている可能性もあるわけですからね。

本質を考える、ということは本当に難しいことです。同時に難しいほど、楽しいものだということも、これから一緒に感じていってもらえればうれしく思います。

「共感」が商品になる時代のワナ

精神を奪い合う時代の資本主義とは?

ものを作る産業から、人と人とを結ぶ産業が主役となる時代へ。いま、サービス産業など、心の満足感を届ける産業が注目を浴びています。そんな時代だからこそ、考えなければならないのは？

モノ消費からコト消費へ　そして「ココロ」が商品に？

好きなアイドルのためなら、いくらでも稼いだバイト代をつぎ込んでもいい――。

そんなふうに思う人もいます。

そうした人たちが、たとえば、何枚もＣＤを買って、アイドル総選挙の投票権を得ようとするのですよね。いつの間にか「推しメン」という言葉も世の中に広がりました。これも、ひとつの経済行為です。

「応援したい」。

その気持ちを、消費行動で表現する。

そこにあるのは「感情」がカギになっている経済です。いま、そうした「**共感**」によって動く経済が占める割合が、徐々に増えています。

戦後の高度経済成長期は、わかりやすい主役となる商品がありました。

たとえば１９６０年代半ばには、カラーテレビ、クーラー、そしてカー、自動車でした。これらは「**3C**」「**三種の神器**(じんぎ)」とも呼ばれ、こうした高額な商品を、お金を貯めて、庶民はみんなこぞって買い求めたのです。世の中全体がわかりやすい、物質的な欲望に満ちていました。

しかし、80年代にバブルと言われる豊かな経済的な達成を経験、さらに90年代にそのバブルの崩壊を経験した日本。その間に、経済を支える主役もモノからコトへ、と言われるように移ろっていきます。

観光による消費などはコトの消費の代表的なものかもしれません。街を楽しむ体験、その場所で過ごす時間、もてなしと言われるサービスなどにお金を支払うことです。日本の魅力を海外からの観光客にどう訴えていくか？　それもコトの消費の大事なポイントなのです。

そしていま現在の状況はと言えば、そのコト消費が進む中、人の心が大事な「商品」になる、人々が心の動きに合わせてお金を使う時代がやってきたというところなのかもしれません。

それが意味しているのは、どういうことでしょうか？

違いある限り商品となり、価値が生まれる？

「リンゴを高く売ることに夢中になっているうちに、リンゴの味を忘れてしまったのか？」

童話のセリフではありません。

「欲望の資本主義２０１８」の番組の中でこのナレーションが流れたときに一瞬ドキッとし、反応してくださった方々も少なからずいたようです。

生産物であるリンゴは、もちろん市場では商品となり値段がつきます。そうした対価がつくものであることをわかりながらも、そのリンゴ本来の味わいを忘れないこと、美しいリンゴをかじったときの味覚、体に摂りこむときの栄養的な価値までもちゃんと忘れないこと……。

ごくあたりまえな人間の営み(いとなみ)のはずなのですが、この現代の資本主義の中で生きていると、むしろそうした素朴な人間の感覚こそ失われやすく、市場の力とどう距離をとるのかが難しくなっているのかもしれません。

「あのときの味と同じ…？」

さまざまな情報が行き交い、人々の欲望を呼び起こす社会。デジタル化されて、システム化された社会環境が仕事の定義そのものを大きく揺さぶる時代は、人々に綱渡りのような感覚を要求します。そのバランス感覚は、資本主義が生むねじれを解くためのひとつの鍵なのかもしれません。

片っ端から「商品」として、できるかぎり多くのものを市場に流通させようとする、そうした性質をもっている資本主義というシステム。

大げさな表現と思われるかもしれませんが、資本主義というしくみの中では、絶えざる競争がひとつのポイントですから、「売り手」「買い手」を離れて、「市場」の力が独り歩きしがちなのです。

「壁」がなくなって「商品化」の力が強まった

特にこの30年近く、東ドイツ、ソ連などの社会主義の大国のまったく異なる経済原理の壁がなくなったことで、グローバル資本主義はまるで地球上を動き回るアメーバのようです。

市場の網の目で覆(おお)い、隙間(すきま)という隙間に入りこみ、少しでもいままでのモノと異なる「差異」を発見して商品化していくパワーには驚くべきものがあります。

それは、いままでの商品とは異なる機能が付け加えられていることが大事だという**「付加価値」**、すでにあるものとは違うと消費者に思ってもらうことを重視する**「差別化」**、こうした考え方が世界中に広がっていることも意味しています。

「付加価値」と「差別化」こそが、商品を開発する際の、基本中の基本の戦略だという考え方のその先に生まれるのは、「差異さえあれば商品になる」という思考です。

これは、違って「見える」ことが大事だという発想法にもつながっていくことでしょう。

ところで市場は、「自由」であることをまずは最上の価値とする場です。

買い手がいるかぎり、さまざまな「商品」が生まれます。需要に応えて新しいサービス、事業など、アイデアが生まれることは大事なことです。その結果、社会の問題も解決されていく可能性もあるわけですから。

ここで僕は、市場に歯止めをかけましょう、さまざまな欲望をむき出しにする資本主義を規制しましょう、ちゃんと額(ひたい)に汗するモノ作りに邁進(まいしん)しましょう、などとお説教をしようと思っているわけではありません。

変化する社会に、柔軟に対応することも大事なことですし、市場で行われるさまざまな実験、商品化の試みが可能性を開くこともまったく否定しません。

しかし、**何でも「商品」になるということの行き着く先、途方もないものまでが「商品」になる可能性、そしてその危険性についてはあまり考えられていませんし、教えられることもありません。**

ニュースとなるような臓器売買などは、まさに倫理性が問われる極端な一例ですが、どこまでも「商品」になる現象は止まらないという状況もあるように思います。

「市場の自由を阻害する」ことなく、その可能性にバランスある歯止めをかけようという議論は、実に難しいものがあるのです。

「共感」が商品になるときの「錯覚」

なぜいま、バランスが崩れ、難しい状況が目立つようになったのでしょうか？

すでにお話ししたように、グローバル化によって世界の市場がつながったこととともに、世界の多くの国々が工業化を達成して、サービスや情報がおもな商品となる状況へと突入していることが、ひとつの重要なポイントとなります。

現代の資本主義は一定の物質的な「豊かさ」を実現し、「モノ消費からコト消費へ」と言われる段階に入っています。

そしてさらに、「共感」という心の領域が注目を集める商品となっていることが招く、難しさがあるのではないでしょうか？

「自由」な市場での売り買いの場で、現代の資本主義はある種の「錯覚」を生みやすいのです。

かつてのモノ作りをベースとした工業社会とは異なり、現代の資本主義は、リンゴを「高く売る」ことばかりに人々の心を駆り立ててしまうように見えるのです。

情報、知識、サービスなどをあつかう産業の占める割合が高まる「**ポスト産業社会**」と言われる市場。そこで取り引きされる商品が、かたちのないもの（体験、共感、感情など）へとシフトしていくとき、その背後にはどんな構図があるのでしょう？

市場の論理で「精神」を奪い合う時代がやってきた

「かつて高度成長期は、可処分所得（給与やボーナスなどの所得から、税金や生活費などを引いた残額）の奪い合いでした。しかし、可処分時間の奪い合いの時代を経て、いまや、可処分精神の奪い合いの時代に突入しているのです」

SHOWROOMという会社を軌道（きどう）に乗せた若手起業家である前田裕二さんに、「新世代が解く！　ニッポンのジレンマ」という若手論客による討論番組にご出演いただいたときの言葉です。

つまり、物質的にまだ豊かでなかった時代は、給与としてもらったお金で、テレビが欲しい、洗濯機が欲しい、という消費行為が基本でしたが、だんだんものが満ち足りる時代になると、サービスを人々が求めるようになり、「時間」が貴重な商品となります。そしてさらに現代は、その次の段階、「共感」が商品となる時代。心を動かされる感動体験など、「精神」に人々がお金を支払う、そんな時代に突入しているというのです。

いまをときめく起業家のビジネスサイドからの見方として、面白い分析だと思います。そして同時に、「精神」「心」という領域まで商品ととらえようとすることの難しさに、ちょっと考えこんでしまう状況もあります。

そこには、本当に難しいジレンマがつきまといます。「自由」な市場の可能性と、「野放図（のほうず）」な取り引きというジレンマです。

「自由」か「野放図」か、「すばらしいアイデア」か、それとも「反倫理的な行為」か。

それを、誰が判断するのでしょうか。

自由なはずの市場取り引きで、基準があいまいなままで過剰に倫理を強要することは、社会全体でマイナスの効果を生んでしまうでしょう。

つまり、個々の起業家が競争し、新しいビジネスを立ち上げる自由も可能性ももちろんありますが、社会全体としてどういう影響があるのか、どういう方向に社会が変わっていくのか。変化を楽しみながらも、考え続ける必要があります。

「泣ける」「すっきり」感情に値段がつくとき

「リンゴを高く売ることに夢中になって、味を忘れる」皮肉。さてこのジレンマ、どう解くのでしょう？

実際、僕らはリンゴを売り、お金を手にしなければ生きていけませんし、同時にリンゴをしっかり味わい、栄養としないと、これまた生きていけません。もう一度、このたとえの意味するところを、市場という場のルールに基づいて、確認しておきましょう。

無形（かたちのない）のサービスも、需要と供給のマッチングしだい、取り引きが成立すれば、どんなかたちでも問題はないのが、市場の原則です。

「ある時間、ある空間を過ごすことでの満足度＝感情」を売り買いすることに重きが置かれ、それが「**商品**」となります。

しかし、心、感情という「商品」には特殊性があるはずです。一次産業、二次産業

お金を使う対象は変わっている

のように、生産物のアウトプットまでの作業、労働の過程が見えやすく、その価値も、価格も、合意しやすいものの売買とは異なる状況があります。

たとえば人気のコンサートがあったとして、そこに数十万の価格でも買いたいという人もいれば、まったく関心がない人には価値そのものが生じませんね。

いわゆる「感動体験」という「商品」は、その価格の決定が、主観的（その人の見方や感じ方）な価値観に大きく依存します。

そして、主観的な価値観によって生み出された一時的な高揚感、熱狂などが商品となって、その商品価値を高めていくほどに、市場での価格も吊り上がり、価格の上昇そのものが価値を示すという現象が生じるのです。

ポスト産業社会で広がる「感情」という主力商品、「共感」「泣ける」「すっきり」などの「商品」は、人々の不確かな、ゆれる心が生む「言い値」となりやすいのです。

「すばらしいから高い」のか？「高いからすばらしい」のか？

ここで、「価値」には、実は二種類あるということを、しっかり認識しておきましょう。

「価値」というものを、ひとまず「市場」での取り引きの中で生まれるものだという言い方で説明してきましたね。パンも100円、ペンも100円、というとき、どちらも100円で買えるのですから、この場合、同じお金でパンもペンも「交換」できる「価値」を持っていますから、**「交換価値」**は一緒です。

しかし「価値」という言葉で表現されるものには、もうひとつ大事な、**「使用価値」**というものがあります。

つまり、買い手当事者が、その商品をまさに「使用」するときに感じる価値です。

ポイント

価値にはふたつある。
① 交換価値 ― 市場で決まる
② 使用価値 ― 人によって異なる！

パンを食べれば栄養、エネルギーなどをとることができますし、おいしいと感じることもできます。ペンを使えば、文字も絵も書けますね。その「商品」そのものを実際に使ったり、味わったりするときに得られる価値です。ですから、交換価値が、市場で決まるのに対して、使用価値は、それぞれの人の主観による部分が大きいこともわかりますよね？

つまりこのとき、**価値について、そこにはふたつの異なる体系が存在する**ことをしっかり認識できるかどうかが、とても重要になります。

本来、交換価値がいくら高いものでも、自分にとって使用価値が低ければ、取り引きを成立させる必要はありません。先に例にあげたように、あなたにとって、関心のないコンサートのチケットがそのひとつです。

しかし、この場合でも、少しいろいろなケースを想像してみましょう。

僕たちは、いつでもそんなふうに冷静に判断できるでしょうか？

工業製品などと異なり、客観的な実体のないサービスというものは、さまざまなイメージなどでその価値がゆれ動くものです。

「感動体験」という商品 その1

「感動体験」という商品 その2

ネットで、「あのコンサートはスゴイ！」「10万円出してもおしくはない」「一度は見ておくべきものだ」などという書きこみをあなたが目にしたら、周囲の友達からも実際にすすめられたりしたら、どうでしょう？　だんだんあなたの心もゆれるのではないでしょうか？

そして、いつの間にか、「人気で2倍に値上げしました」と言われても「2万円であれだけ騒がれているコンサートに行けるなんてラッキー！」と思うようになるかもしれませんね。

人間社会に生きていて、同時に、こうした「サービス」「主観による体験」という商品があれば、多かれ少なかれ起こり得ることです。「泣ける物語」「スッキリできるイベント」など、感情にお金を払うことが主流になるということがもたらす状況を想像してみてください。

そしてそれが極端に進んだ先に、ここで展開しているロジックは、「**すばらしいコンサートだから〇万の価値**」という論理の順序とは反対に、多くの人に広がる段階では、「**〇万もするからすばらしいコンサート**」、という感覚にすり替わっているのではないでしょうか？

たとえ話を聞いても、むしろみなさんのほうが、バカな話だな、と思うかもしれませんね。ただ、不思議なことに、もしかしたら大人のほうが、いつのまにかこうした奇妙な逆転した発想にハマってしまっている人は多いのかもしれません。

高級絵画、リゾート、宝飾品など、もちろんすべてがそうだとは言いませんが、往々にして、「すばらしいから高い」のではなく、「高いからすばらしい」と思いこんでしまっている大人は多いのかもしれません。

すべてが市場に飲みこまれる？

体験、感情が「商品」になっているものほど、そのものの「使用価値」ではなく「交換価値」で、その本質的な価値が決まるという錯覚が生まれやすい、というわけです。

そしてそれは、実際、錯覚などではなく、ポスト産業資本主義のシステムとしての本質だとも言えるのかもしれません。そうして手に入れた「商品」は、買い手に渡ったとき、固有の「所有物」となります。

しかし、それが「体験」「共感」などであった場合、市場の動きはそこだけでは終わりません。

買い手は、感情を消費するだけでなく、その思いを周囲の人々にも伝え、ネットでも拡散させ、増幅させていくことでしょう。それが「すばらしかった」という喜びでも「ひどかった」という憤り(いきどお)でも、市場への影響をおよぼす意味では同じことです。

こうして、またひとつの心の動きが、「商品」の価値を変動させていくことになります。**市場の交換価値の論理の中で展開する比重が、どんどん高まるのです。**

体験、共感、人生における「かけがえのないもの」にもなり得る感情は、いつの間にか市場の中に飲みこまれ「交換可能」なものに置き換わる、すべて「商品」「消費財」となってしまいます。

そして、その究極は、人生そのものが「商品」となるという、どこかで観た映画にありそうなストーリーともなりかねません。そのとき、市場を上手に利用したつもりでいたはずの買い手も売り手も、自らの人生を、実は他の人に利用されていたというオチが、待っているのかもしれませんね。

フォロワーの数は、本当に「影響力」となるか

最近は、ツイッターやフェイスブックのフォロワーや「友達」の数を社会的な影響力として測る人も増えています。

そうした考え方も確かに一面の事実でしょう。

100人よりは1000人、1000人よりは10000人と数が多いほうが、一度「つぶやく」ことで多くの人々に情報を届けることができるのですから。

しかし、それはあくまで一面の事実でしかありません。

「数」が多いことを力だと思うあまり、
「影響力」がほしいために「数」を増やそうとする、
そんなふうに順序を逆転させた思考におちいることこそ注意しなくてはなりません。

フォロワーや「友達」の「数」の力を追い求めていくことで、本来の人と人の関係

性を失っていく可能性、「数」を増やすことばかりが自己目的化し、むしろコミュニケーションが負担になったり、苦痛になっていったりしてしまうという話は、あなたの身近にもあるのではないでしょうか？

「SNS疲れ」という言葉もよく聞きます。

こうした逆立ちした考え方も、「数字の物語」ばかりを追いかける、現代の資本主義と構造的によく似た話だと思います。

「錯覚」にとらわれないために、わからない状態を楽しむ

もう一度、繰り返し、確認しておきましょう。

「使用価値」と「交換価値」。

いまは、ふたつのレベルが錯綜（さくそう）し、「交換価値」を高めること自体が、ひとつの「使用価値」であるという「錯覚」を生みやすい社会だと言えるでしょう。

交換価値と使用価値。ふたつの価値の体系の間で引き裂かれる現代の人々。ふたつの異なるレベルにある、ねじれ。それを同時に認識しながら、二股をかけ、日々、

バランスを取り、それを楽しむという考え方が重要になってくるのだと思います。

こうした考え方につながる発想法を、拙著『結論は出さなくていい』(光文社新書)でも展開しましたが、まさに現代の資本主義の最前線では、あえて「結論を出さない」思考、わからない状態を楽しめる感覚は、大事な知恵です。

ふたつのレベルを行き来することで、市場の交換が成り立ち、資本主義のシステムは動いているということ——。

このシンプルだからこそ、すぐ取り違いが起きてしまう、市場の人間心理を忘れてはいけません。

そして、さらに事態をややこしくしているのは実は、ある程度、この「錯覚」によって資本主義は、日々更新され、自由を維持し保たれているという側面があるということ。これを僕らは直視したほうがよさそうです。

ポイント

資本主義は「錯覚」によって日々更新され、自由を保っている。

人間の心は複雑です。

それを単に資本主義の論理、数字の物語に置き換えてしまうことには、大きなワナが潜んでいると言えるでしょう。

第4章

テクノロジーが格差を生む

創造的であれ！さもなければ死だ

資本主義の競争でリードするために
強力な武器となるのは「技術」です。
技術開発競争はその原動力となって
きました。しかし、現代のスマート
フォンなどに象徴されるデジタル技
術は、社会全体の発展に結びつかず、
格差を生んでいます。なぜでしょう？

デジタル技術は「成長」を生まない？

日本も含めてアメリカ、ヨーロッパなど先進諸国の「**成長**」が止まり、そのことによって「**格差**」が拡大しています。

富める人と貧しい人の差が広がり、「**分断**」と言われる状況が生まれているのです。

その原因が、世界が市場でつながったこと＝「**グローバリズム**」にあると考える人たちからは、「**反グローバリズム**」の動きもあります。

いま、ニュースなどで、アメリカが大きく割れてゆれている現状が伝えられますね。

そうした状況を背景に、一部のお金持ちばかりがどんどん豊かになり、見捨てられたように感じた中堅のビジネスパーソン、労働者たちが支持し、トランプ大統領が生まれた、という話を聞いたことがある人もいるのではないでしょうか？

その根本にあるのは、「グローバル化」だけでなく、テクノロジーの発展が招いた現象にもあります。

いま情報を処理するスピードが飛躍的に上がる、AI、人工知能など人間のかわりをする技術や新しいテクノロジーが急速に広まっています。それが成長のエンジンになると思われたにもかかわらず、むしろ停滞を招いているのです。

「デジタル革命」と呼ばれる、コンピューターの論理をベースとする新しい技術が次々と生まれて、加速度的に新たな発展が進行しています。

多くの先進国では、デジタル化がどんどん進んでいますが、それに応じた経済成長が見られないのです。

これが、いま、重大な問題なのです。

こうした技術と経済の問題について、「欲望の資本主義2018」の中で、広い視野から文明論的に時代を読むフランスの社会経済学者ダニエル・コーエンが、さまざまな視点から発言してくれています。

ポイント

新しいテクノロジーが経済成長に結びつくわけではない。

この4章、5章は彼の言葉を紹介しながら、現代の資本主義に、AI、人工知能などテクノロジーが投げかけている問題について、考えていきましょう。

ドミノ倒しのように、世界に広がったリーマンショック

世界は2008年の金融危機からゆっくりと抜け出そうとしている。
大きな金融危機の後に景気が低迷するのは普通のことだ。
しかし、実は、金融危機の前に、
すでに先進国の景気は減速していたんだ。
現在の景気低迷は、金融危機が直接の原因ではない可能性がある。
正しく理解するには、先進国の景気が減速していたから金融危機が
起きたという逆の順番について、論じる必要があるだろう。

（ダニエル・コーエン）

ダニエル・コーエン

フランスを代表する経済学者であり、思想家。

ちょっと難しかったでしょうか。

２００８年は世界中の経済が同時に大打撃を受けた株価の大暴落がありました。信用とは、はかないものです。

ひとたびあやしいと思い始めれば、あれもこれもとどんどん、みんな不安を持ち始めます。そんな悪夢が現実となったのが、アメリカの大手投資銀行、リーマン・ブラザーズの経営破たんとその後の株価の暴落が引き金となった、国際的な金融危機、リーマンショックでした。

行き詰まりの原因は、「**サブプライムローン**」と呼ばれる低所得者に向けた住宅ローンでした。通常のローンより審査の基準が甘く、お金を返す見通しが厳しい人にも利用できるように設定されていました。そして、貸付利率（お金を借りた人が返さねばならないときの利率）も高いのです。お金を借りて買った住宅の価格が上昇している間は、そのことによって返済に行き詰まった場合でも新たな借り入れが可能だというわけです。が、しかし下降に転じれば……。こんなふうに破たんした人が続出したのが、リーマンショックでした。

ここでも、「市場」の論理と「利子」という魔術、資本主義の根本にあるふたつの考え方が、この現象を説明してくれます。

住宅の「交換価値」が上がっている間は、そのことによってなんとかなりますが、ひとたび下がり始めてしまえば、借金を借金で返すことになるという、悪循環の中に入ってしまうのです。

このサブプライムローンは、2003年後半から住宅ブームが起きたアメリカで、利用者が急増していたのです。しかし、その後、住宅価格の上昇率が鈍り始め、同時にローンを返せない人も増え、結果、貸していたローン会社の資金繰りも悪化……信用不安が生じたのでした。

世界がつながった、グローバル化の時代です。

住宅を買う人たちにお金を貸していたローン会社は、世界中の多くの人々から、投資というかたちでお金を出してもらうことで運営されていました。証券化され、金融「商品」として国際的に市場で売り買いされていたローンの価値は、一気に暴落しました。

ひとつのローンの信用力の低下が、金融商品そのものの信用力の低下につながり、投資していた欧米の金融機関なども大きな損失をこうむり、さらに資金調達の目的から株式を売却する動きも加速し、世界的な株価の暴落へと、一気につながっていったのです。

「ドミノ」というゲームがあります。ひとつの駒が倒れると次々、なだれのように隣の駒も倒れていきますよね。

現代の資本主義は、世界中を巻きこむ「ドミノゲーム」であることを決定的に印象づけたのでした。

テクノロジーは10パーセントの人を潤し、90パーセントの人を圧迫する？

さて、本題へと戻りましょう。

そうした、リーマンショックという世界の市場がゆれた現象から、10年。その後、デジタルの世界で急速にテクノロジーが進歩しているはずなのですが……。

景気は、いまだに先行き不透明に見えます。

なぜなのでしょうか？

現在のテクノロジーの進歩は、社会全体に好影響をおよぼすわけではなく、恩恵を受ける人々の層には、かなり偏り（かたよ）があるという見方もあります。

アメリカでも、現在、進展しつつあるテクノロジーの恩恵を受けているのは、ほんの一握りの超富裕層だけだと指摘されています。

最新技術の恩恵を受け、簡単に世界中の市場を見通せるようになった超富裕層は、スマートフォンが普及する以前より、はるかに力を増しているようです。

しかし、その一方で、人口の多くを占める中産階級の人々、サービス業や銀行、保険会社に勤める人々、事務的な仕事を担う人々は、新しいテクノロジーの恩恵を受けているように見えません。

それどころか、**新しいテクノロジーはそれらの仕事にとってかわり、人々の職をうばいつつあるようなのです。**

AIに取って代わられる？

経済学者の多くも、新しいテクノロジーによって「**二極化**」が進んでいると考えています。上流階級は新しいテクノロジーから多大な恩恵を受け、中産階級は大きな打撃を受ける。そして、下層階級は低賃金に耐えて生きていくしかない……。

新しいテクノロジーが人々の日々の生活のさまざまな場面に浸透しているからといって、それが経済成長に結びつくわけではないことが、いま、明らかになりつつあるのです。新しいテクノロジーは生産性を向上させるのではなく、たくさんの人々の仕事をうばい、多くの人の生産性を失わせているようなのです。

新しいテクノロジーが発展しているのに、経済が低迷している——。

これは、産業革命以来、200年あまりの歴史の中で例を見なかった、大きなパラドックス＝逆説です。新しいテクノロジーは多くの中産階級から仕事をうばうので、人々はより低スキルで低賃金の仕事への転職を余儀なくされていきます。景気の低迷と格差の広がりが同時に進んでいる、大きな原因と言えるでしょう。

> アメリカでは、上位10パーセントが、
> 過去30年間の経済成長の恩恵を独占している。
> 新しいテクノロジーは上位10パーセントにだけ恩恵を与え、
> 残りの90パーセントを圧迫してきたと言えるだろう。
>
> （ダニエル・コーエン）

アメリカの「二極化社会」を追いかける日本

背景には、テクノロジー以外にもさまざまな要素もあるのかもしれません。みんなで団結して賃金の上昇を訴える労働組合が弱くなったことなど、社会の変化の影響もあるのかもしれません。

しかし、それらの要素を考えてみても、新しいテクノロジーの繁栄と景気低迷が同時に起こっている理由は、その技術の性質自体にありそうなのです。効率がよく生産

性の高い新しいテクノロジーは、中産階級の仕事を補完するのではなく、うばってしまう現実と向き合っていかねばならないときが、すぐそこに来ています。

日本の「格差」は、まだアメリカほどではありません。しかし……、

日本はゆるやかだが、同じ道をたどる可能性はある。アメリカでは、生産とそれから得られる賃金、つまり生産性と収入は1対1の関係にある。アメリカではそこに交渉の余地はない。生産性があれば収入を得られ、生産性がなければ収入は「ゼロ」なのだ。

（ダニエル・コーエン）

まだ日本では変化のプロセスはゆるやかだけれども、しかし、変化に時間がかかるからといって、アメリカのようなゆがみがないわけではありません。

みなさんが大人になって働くころには、このままでいくと、アメリカやヨーロッパのような、厳しい「二極化」に近い状況になっていく可能性もあるのです。

もう一度言いましょう。新しいテクノロジーの力はどの国でも見られることは確かです。そのとき、それによって何が生まれようとしているのか、その国でどのような社会がもたらされるかを、注意深く観察し続ける必要があるでしょう。

デジタル革命は、産業革命のときと何が違うのか？

アメリカではすでに多くのルーティンワーク、つまり変化の少ない、決まった手順の仕事は、新しいテクノロジーにとってかわられています。スーパーの精算、清掃、運搬（うんぱん）など、ルーティンワークを仕事としていた人々が、徐々に職を失っているのです。世界各地でも、この先、同じことが起きるでしょう。

人間の労働がロボットやソフトウェアに完全にとってかわられるのではないかという議論。それは古代ローマ帝国の時代から語られてきました。そして、事実、テクノロジーは人間の労働に大きな影響を与えてきたのです。

テクノロジーがもたらす変化がどのようなものなのか？

いま、これからを考えるためには、歴史に学んでみる必要がありそうです。

200年以上前の産業革命と比較してみよう。
最たる例が「農業」だ。
技術革新によって、
世界中の農民が職をうばわれたのはあきらかだが、
その結果、20世紀を通して、先進国の農民は激減した。
フランスでは1~2パーセント、日本でも農業人口は少ないだろう。
技術革新で生産性が向上したため、
以前より労働力が必要なくなったのだ。
その結果、何が起こっただろうか?

（ダニエル・コーエン）

しかしコーエンは、現在のデジタル革命と、かつての産業革命とは大きな違いがあると言います。

産業革命で農村を離れた人々は都市部に移動し、
工場労働者となった。都市部では、労働力が不足していたんだ。
つまり技術革新が、農民を新しい工場で働く労働者へと変えたのだ。
そして、労働者の農村から都市部への移動が、
産業革命による経済成長をさらに大きくした。
20世紀の経済が急成長したのは、
このふたつの出来事が同時に起きたからだ。
農業の生産性の向上により食糧が安くなる一方で、
機械化された新しい工場で働く労働者が増えたのだ。

（ダニエル・コーエン）

仕事を失った人々が農村を離れ都市部に流入したのと同時期に、産業革命のときは、工場でも働き手をちゃんと必要としていました。そして、その移動でさらに経済が活性化したのです。新しい技術をひとつのきっかけに働き手が必要となる、そして産業が変わる――。変化が「成長」をもたらしたのです。

しかし、かつての産業革命と異なり、私たちが経験しているデジタル革命では、働き手を必要とする現場がどうやら、いまのところ少ないようなのです。

技術革新で生産性が上がって、多くの人が職を失っているのに、それにかわる、受け皿となる仕事が少ないのです。

銀行、保険などの仕事でも、すでに職を追われた人がいます。

これは、一見、頭を使う「頭脳労働」のように思われる仕事の中にも、細かく見れば、パターン化した、機械がかわりをしやすい仕事の過程がいろいろとある、ということを示しています。

こうした人々は、新しいテクノロジーに職をうばわれたわけですが、以前よりも生産性を高めること、すなわち、前より報酬の高い職業に就くことができていないケースがほとんどです。新しい仕事を探しても、見つかるのは生産性がさほど高くない仕事ばかり、という状況が生まれています。

そこにまた、格差が生まれます。

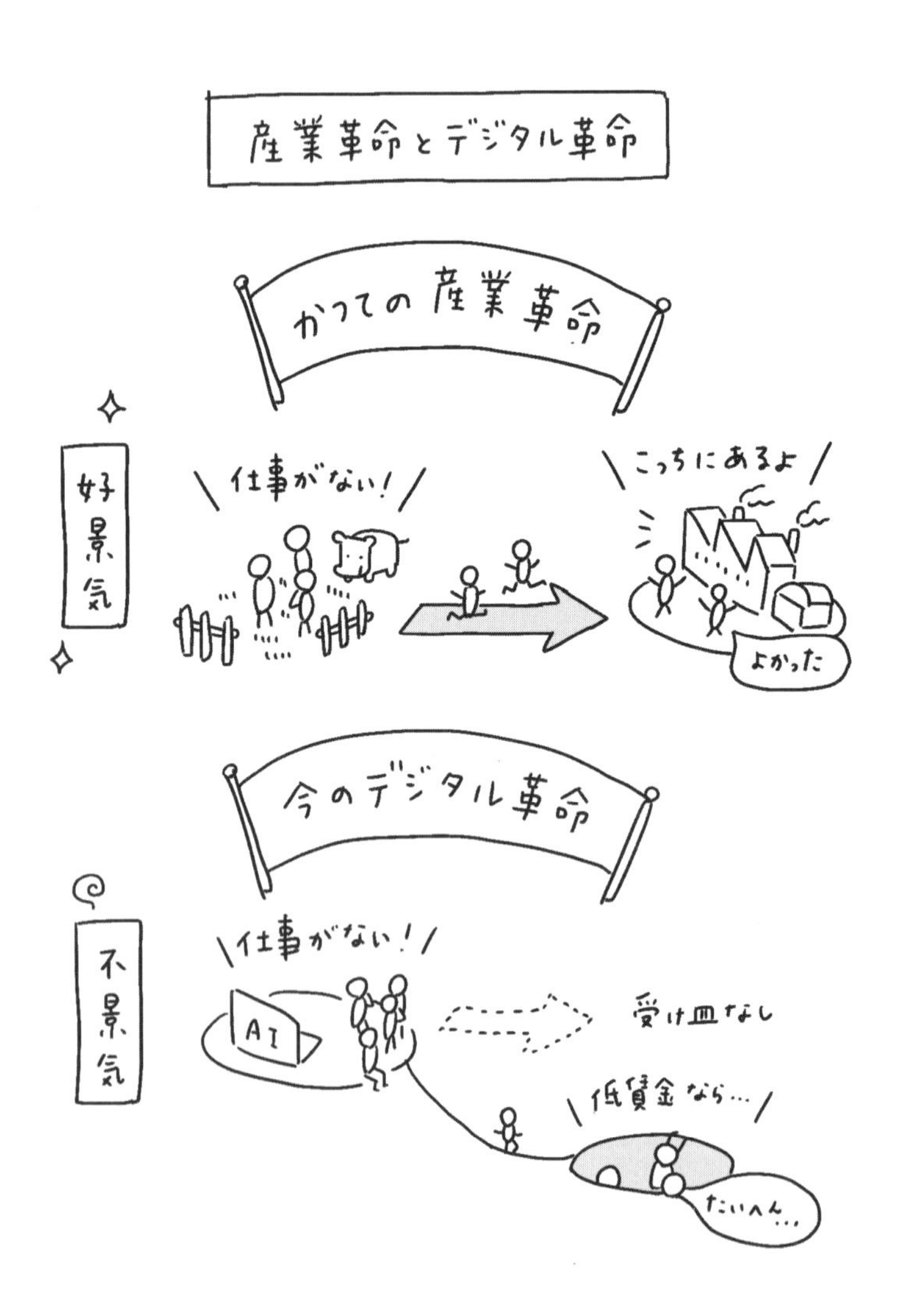
産業革命とデジタル革命
かつての産業革命
好景気
仕事がない！
こっちにあるよ
よかった
今のデジタル革命
不景気
仕事がない！
AI
受け皿なし
低賃金なら…
たいへん…

テクノロジーのほうが、人間より価値がある？

　もちろん、人間の労働力が不要になったということではありません。労働力が必要な職場はたくさんあるはずです。病院、教育分野、老人養護施設など、いま労働力が必要な仕事は、実にさまざまです。

　しかし、そうしたサービスは料金が高く、利用したい人が利用できない状況にあることも事実です。最初のほうで学んだように、そこに市場の原理が働き「健全な競争」があれば、サービスの値段も下がるはずですよね？

　だから、言い換えれば、お年寄りがサービスを利用できるほどには、まだその分野の生産性が上がっていない、という言い方もできるのかもしれません。

　また、そうした「人間でなければできない」と思われがちな仕事の中でも、単純化、形式化、パターン化できる過程については、これからロボット、ＡＩ……さまざまなテクノロジーが活躍することになっていくのでしょうけれども。

こうして考えてみると、テクノロジーに職をうばわれ、人々の仕事がなくなりつつあることも問題ですが、同時にさらに深い問題は、人々が成長分野において適切な賃金を得ながら働くことができていないこと、以前よりも生産性の低い分野で低賃金に甘んじなければならないことだと、言えるのかもしれません。

つまり、**テクノロジーのほうが、人間の労働力より、「市場」における価値が、買い手にとっては高い、という事態が生まれているのです。**

パターン化された「仕事」はＡＩにうばわれる

現在の資本主義の世界で難しいのは、移行期に差しかかりながら、その後の世界が明確にイメージできないことです。

新しく職を得る人と、これまでの職を失う人との分断は、同じ分野、同じグループの中でも起きています。

同じ産業、同じサービス業の中で、新しいテクノロジーが労働者の生活パターンを変えているのです。

そのとき、ひとつの視点が、新しいものの見方を提供してくれるかもしれません。それが、先ほどからところどころで触れた、ルーティンワークという定型的な仕事と、非ルーティンワーク、つまり形式化しにくい仕事との違いです。

以前は、工業と農業、あるいは高スキルと低スキルなどの観点で職業を捉えていました。その区別には、ある意味で安心感もあったのかもしれません。

いまでも世代、年代によって、つまりお父さんお母さんの世代以上の人々の多くは、こうした分類のしかたになじんでいるかもしれませんね。無理もありません、そうした世代の人たちは、教育を受けた時代が、技術が豊かさをもたらし、経済を向上させることを現実に実感できる時代だったのですから。

技術の進歩はスキルや知識を持つ働き手、つまり、高学歴の人々に有利だと考えられていたために、教育を受けさえすれば、誰もがスキルを身につけ、技術の進歩の恩恵を受けられると信じることができていたのです。

しかし、ルーティンワークと非ルーティンワークの区別は、ある意味で人々の不安をかきたてます。どんな仕事をしていても、どんな地位にいても、同じことを繰り返すような仕事は、テクノロジーにとってかわられ、仕事を奪われる危険性があるからです。知識と技能を十分に備えた仕事をしている人でも、コンピューターが代わりを果たせるようなやり方をしていたら、危険なのです。

かつてのように、単に高学歴だというだけでは職を守ることはできません。

事態はかなり複雑な状況になっています。

単純に、この職業は生き残る、この職業はなくなるというような話ではありません。その仕事の中身をつぶさに分析したときに、パターン化できる要素が多い仕事から順に、機械に、ＡＩにうばわれていくことでしょう。

たとえば一見複雑な要素が絡み合い、瞬時の判断力を必要とされる、**株のトレーダーなどの仕事でも、ただ単に、安いときに買い、高いときに売るというようなパターン化された業務の進め方をしている場合は、コンピューターに代わられてしまうことになるでしょう。**

同じトレーダーでも、パターン化できないような、長期中期も含めた視点、さまざまな角度から市場を読むセンスで成果を出している人は、仕事を続けていくことができるかもしれません。一律に、この仕事なら大丈夫、この仕事は消えるなどというような単純な予測はできないように思います。

こうした複雑さが、いままでの脅威とは性質が異なるのです。

「みんな芸術家のように生きるのは不可能だけど」

私たちは「繰り返し」のリスクにさらされている。
コンピューターに代替えされないのは、
非ルーティンワークだけだという強迫観念は、
人々の大きなプレッシャーになる。
それは、私たちがみんな、
「芸術家」のようにならなければいけないということだ。
つねに自分を改革する必要があるということなのだ。

精神分析学者のフロイトは「芸術家のように生きるのは不可能だ。

自分の人生を芸術家のような人生にしてはいけない。

なぜなら芸術家は不幸だからだ。

芸術家はいつも創造性の欠如への恐怖にさらされている」

と語っている。それは本当に大変なことだと思う。


（ダニエル・コーエン）


誰もが芸術家のように生きられると思いこむ、そうしなければならないという思いにとらわれる社会は、危険ではないのか？

コーエンの問いかけには切実なものがあります。

いま始まろうとしている、いや、もう始まっている新しいテクノロジーの世界には、つねにそうした緊張があるのです。


「自分が得意なことは何か？」といつも自分自身に問いかけていなくてはなりません。

それがストレスと緊張を生み、燃え尽きてしまう人も出てきそうなのです。

人々はいつも、能力を限界まで出し切ることを求められています。昔の労働者とは異なる点です。新しいテクノロジーは、これまで築いてきた安定した社会のあり方を破壊し始めているのかもしれません。

ゴールが明確な経済からの脱却

少し、大きな視野からイメージしてみましょう。

これまでの産業社会は、コーエンの言葉にならうなら、「**繰り返しの文明**」という言い方もできるのかもしれません。

つまり、スタートとゴールが明確な経済、と言い換えてもいいでしょう。たとえば掃除機のような家電製品を作るにしても、ゴミを吸いこむ技術が確立されたら、「**より安く**」「**より性能がいい**」ものを作ること、その「競争」は現在に比べればかなりシンプルなものだったと思います。

そして、ひとつ市場価値の高いヒット商品が生まれたら、工場のライン作業など、システムを効率化、生産量を最大化することが目指され、同じ作業を、「**より速く**」

繰り返すことが求められたのです。

そしてさらなる効率化を目指すときには、外注化によって、作業のある過程だけを市場での競争で「**より安く**」請け負ってくれる会社、人を探そうという方向に進んできたのです。

しかし現在、かつて工業が農業生活を破壊したように、古い工業のコンセプトを破壊する新たな世界に足を踏み入れています。

人々の生活をすっかり変えたかつての産業革命と同じくらい、大変な革命になるのかもしれません。

安心して暮らせる生活の保障は、物質的な保障とは別の問題です。あらゆる人々がつねに芸術家のような生活を送るのは苦しいことです。

生涯にわたって生産的であり続けることは、とても難しいことでしょう。

一生涯、つねに新たな発見をし続けることを、すべての人々に求める社会は、過酷な世界だと言わざるを得ません。

「ベーシックインカム」という解決法

芸術家のような人生を送ることが幸福なことかどうかは別として、新しいテクノロジーと共存する社会では、「**ベーシックインカム**」はひとつの解決方法かもしれません。

ベーシックインカムとは、生活に必要な最小限のお金を社会の全員に配る制度です。

かつてないほど、ずっと続けられる仕事を探すのが難しい現代の社会では、人々に最低限度の生活を保障することは、大事になってきます。

少なくとも30年ほど前まで、安定した社会では、人々のそれぞれが置かれた立場が明確で、どんな立場を得ているかによって社会権が決まっていました。

簡単にいえば、働いている人か、働いていない人か、産休中の人か、失業者か、退職者か、といった立場です。こうした立場の違いによって、社会保障制度からそれぞれの状況に応じた保障を割り当てることが可能だったのです。

労働者にとって本当に必要なのは、生涯、取り残されないという保障があることでしょう。

その意味で、置かれている状況にかかわらず社会的に最低限の保障がなされることになる、ベーシックインカムの基本的な考え方には賛成する人も徐々に増えてきているように思います。

人生の不確実性に対処する一助となるでしょう。もちろん、すぐに現実的な問題がでてきます。財源はあるのか、支給額はいくら出せるのか、全員一律の金額にするのかなど、人々の共通理解を得られるのには難しい問題があります。

「創造的であれ！　さもなければ死だ」

ルーティンワーク、機械やロボットのように決まりきった同じことを繰り返すことはある意味、苦痛でしょう。工場でライン作業をするときは、いわば人間としての側面は忘れるように要求されているようなものですから。テクノロジーによってそうした反

ポイント

今や、創造力の追求は新たな義務になっている？

復作業は消えつつあります。

しかし、今度は、創造力の追求が新たな義務になったのです。

人々は創造的でなくてはならなくなった。
「ロボットになりたくない。ありのままの自分でいたい」
と願うことと、
「創造的であれ！　さもなければ死だ」
と迫られることは別のことなのだ。

（ダニエル・コーエン）

つまり、今度は、創造性を「搾り取られて」いることになるのです。

ルーティンワークが労働の中心だった世界では、「搾り取られる」のは体力でした。

いまでは、それが創造力になったように見えます。ある意味で、進歩したと言えるのかもしれませんが、同じ矛盾を抱え、同じように極端な状況になっています。

第5章

「世界標準」を握った者が独り占めする？

GAFAは「現代の神」か

GAFAという言葉、聞いたことがありますか？　グーグル、アップル、フェイスブック、そしてアマゾンの頭文字をとって、ガーファと読みます。現代のIT化した社会の中で、人間の欲望をビジネスに変える、世界の巨人です。その問題とは？

GAFA——バーチャル資本主義が力をもつ時代

モノ作りが主役の時代からポスト産業化の世界に移行し始め、やっと少しずつ見えてきた実態は、いまのところ残念ながら、一面では大きな幻滅と失望をもたらしているように思えます。

僕たちは、物質主義社会から抜け出したわけではありません。実際、まだどっぷり物質主義社会の中にいると思います。

確かに、インターネットの世界はポスト物質主義的世界の理想をある程度反映しています。大手のGAFA（グーグル、アップル、フェイスブック、アマゾン）と呼ばれるインターネットビジネスを展開する4つの巨大企業がその中心に君臨しています。こうした世界で、私たちは、働く必要がなくなったわけではありません。

実際、若いみなさんにとっても問題なのは、これでしょう。

「ではこれから、どんな仕事に就けばよいのですか？」

現代社会に、この矛盾があることは確かなようです。人々は経済的な世界から抜け出したいけれども、それができない。買わなければならないものが、まだあるからです。住宅も必要で、大人になれば子どもの教育や親の医療や介護の支払いもあります。まだまだお金がかかることがたくさんあります。そのため、所得を得るための仕事はとても重要ですから、仕事がなかなか見つからない社会では、物質主義から抜け出すことは難しいのです。

僕らがお金で買うのは、どこに住むかにかかわるものと、どの人に会うかにかかわるものです。実は、他者とかかわって暮らしたいと思うこと自体が、お金がかかることなのです。

ひとりで島にコンピューターを持って行って、太陽を浴びながら過ごしたいというなら、それは可能でしょう。お金はあまり必要ありません。

けれども、**他者とかかわって暮らしたければ、お金は必要です。**

それは人間の性（さが）で、僕らには他者とかかわって暮らすことが必要であり、他者との対話がなければ自分が何者かもわからなくなってしまいます。

そこに、まだ他の解決策を見出していない問題があります。

田舎暮らしにあこがれる私の友人が田舎に手ごろな物件を見つけた。
何人かで共同で家を買い、休暇を一緒に過ごすことにしたんだ。
あまりおカネをかけず、休暇を楽しめるようになったというわけだ。
ところが休暇は長続きしなかった。
いつも同じメンバーで過ごさなければならず、
結局、退屈になってしまったんだ。
他者とかかわって暮らすには代償が必要だ。
いい医者にかかりたければ田舎よりも都会のほうがいいし、
子どもの学校も同じだ。
他者とかかわりを持って暮らしたいという欲求そのものが、
生活コストを上げる。
それがまだ、ポスト物質主義社会に移行する可能性を低くしている
要因のひとつと言えるかもしれない。

（ダニエル・コーエン）

人間は、面白い生きものです。孤独にもなりたいけれども、孤独にも耐えられない。その感覚に、大人も子どもも違いはないのではないでしょうか？

会社が果たす「安定」の役割

経済社会については、インターネットは従来の市場構造の働きを変化させています。不在のときに自宅を観光客に貸すビジネスである「Airbnb（エアビーアンドビー）」や、ドライバーが客の求めに応じ、アプリなどの呼び出しに応え迎えに動く「Uber（ウーバー）」など、インターネットは生産者と消費者をマッチングさせる市場の機能を効率化し、需要と供給の法則を強化しています。

インターネットを介せば、理論上は、誰の手も借りずに需要と供給が一致します。

インターネットが非常にすぐれた市場のように、ある意味でアダム・スミスの「見えざる手」のように機能しているということです。

そのため、現代の資本主義は、いままでは取り引きの間に入ること

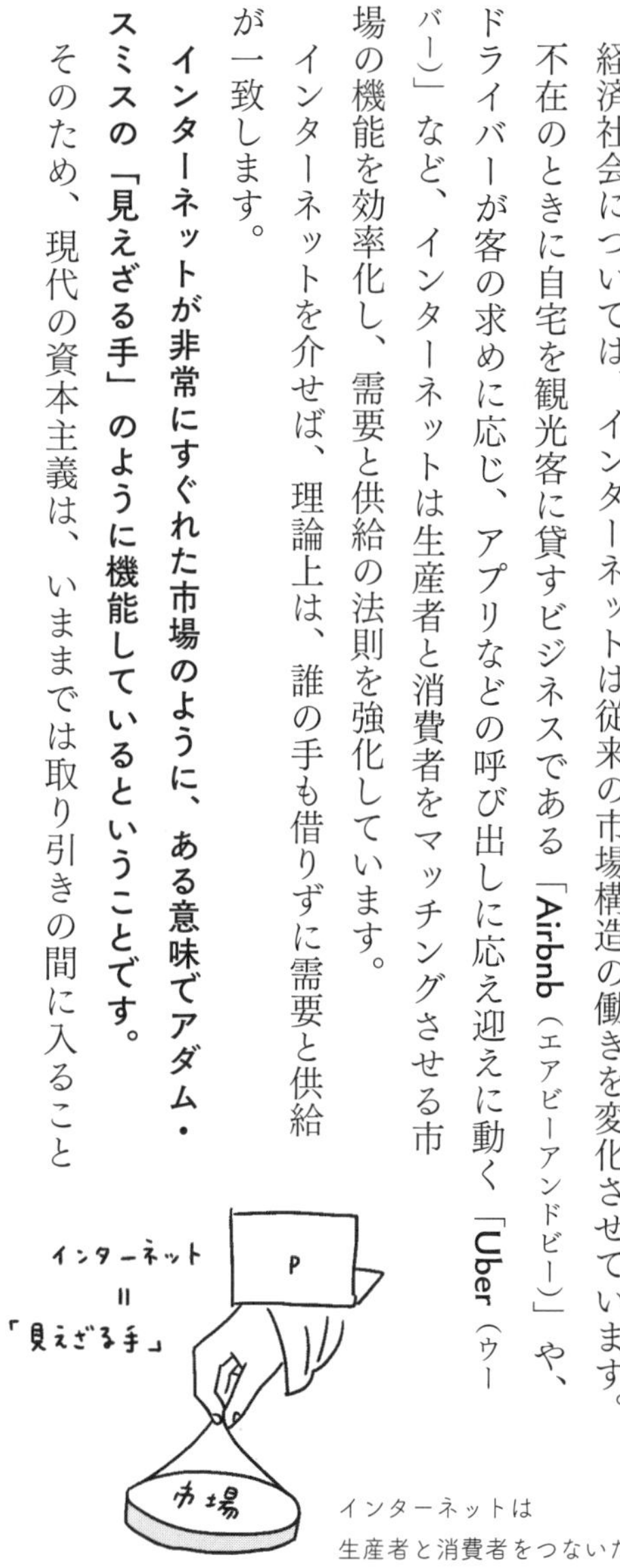

インターネットは
生産者と消費者をつないだ

で利益を得ていた企業の「もうけ」を考えなくてもよい方向へと、向かっています。
その結果、企業や組織が従来担っていた市場での媒介的な役割が消えつつあります。
経済的な合理性だけを考えればいい変化なのですが、しかし、人の心や社会の安定まで考えると、いいことばかりとは言えません。

企業や組織は、市場と村の間に共通の場をつくり出すもので、人々はそこで働いて給料をもらうことでさまざまな面での安心感を得られるからです。

企業はコミュニティとしての役割を持っており、市場原理を離れて、ある程度のリスクを従業員と分担することでも合意している側面もあるからです。

従業員は、自分が働いている部署が立ち行かなくなっても、業績のいい別の部署に異動して雇用が守られるということもあります。会社という組織は、市場の原理が激しく急激に影響をおよぼすとき、ひとつのクッションの役割もあるのです。

インターネットは、「資本主義の力」を加速させる

インターネットが作り出す「会社という場所がいらない世界」では、企業が担う役

割の重要性が少しずつ小さくなっていくことでしょう。

インターネットの登場で、企業はこれまで社内で行っていた仕事をどんどん外注できるようになりました。

たとえば、会計や財務などの定型的な仕事が外注化されています。会計を外注した企業では、経理部門を大幅に縮小できるため、会社の役割がだんだん小さくなるというわけです。つまり、インターネットの影響の大きさを考えるときに、最初にあげられるのは、市場の役割の強化ということになるのだと思います。

インターネットは市場の役割を小さくするよりも、むしろ大きくしているのです。

インターネットは、競争圧力を強めています。

今日では誰もが競争圧力にさらされるようになっています。徐々に徐々に、みんなが競争させられているのです。

では、そのプラットフォームであるGAFA自身も競争しているのでしょうか？

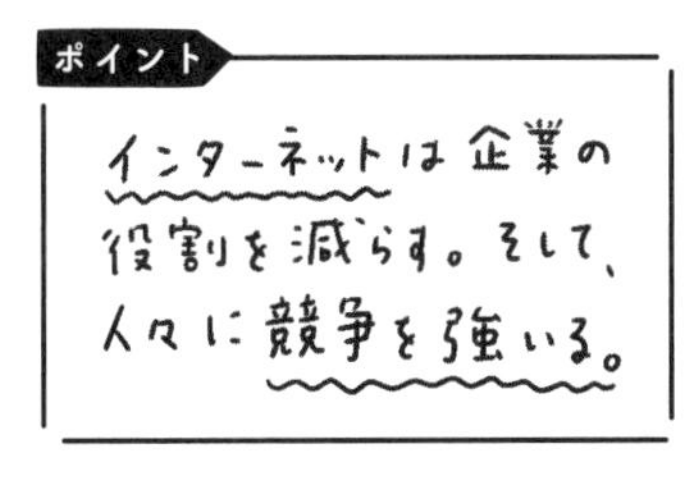

GAFAだけが、
他のすべての企業や人々を激しい競争に放りこみながら、
自らは脅(おびや)かされることがない。
巨大すぎて競争相手がいないため、高みの見物ができるからだ。
インターネットの勝ち組は、他者には競争圧力をかけながら、
自らは競争を回避できるというパラドックス（逆説）が生じている。
インターネットは、かつて世界を動かしていた企業の媒介的役割を
削減する原動力だという見方ができる。
市場の力と非市場の力のうち、どちらかといえば、
市場の力を増すものであり、その逆ではないと思う。
もちろん、市場主導型ではない他の活動を促しているのも事実だ。
比較の問題だ。

（ダニエル・コーエン）

先にも触れたように、企業には市場の競争の中で、従業員を守る役割がありました。

企業間に競争がある一方で、企業内では協力関係もあり、そのバランスは守られてきました。

しかし、インターネット技術の社会で新たに起こっているのは、競争の役割が協力の役割に比べて増大している、ということのようなのです。

仕事の中のある過程を自らの企業内の人ではなく、他の会社や個人に任せるのです。「**アウトソーシング**＝業務の外部発注」の増加がその一例です。

企業は、ここでも、「市場」の論理で、少しでも安く仕事をしてくれる会社や人々に仕事を発注します。自社で行う必要のない業務をできるだけ外注するようにしていくのです。結果、**ますます企業の中で、企業の外で、競争が激しくなります。**

もちろん、こうした競争が健全に行われることによって、人々がさまざまな能力を伸ばすというプラスもありますが、つねに不安定な状況に置かれることも考えなければなりません。社会全体に、不安が広がり、緊張が高まることを意味するからです。

みんな自分の仕事が、世界の誰かにうばわれるかもしれないと、びくびくするのは、なんだか大変そうですね。

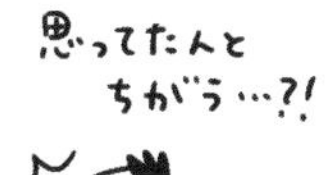

インターネット技術は、純粋な市場原理をさらに加速させる一方、企業の役割を減少させ、多くの人々に厳しい競争を強いているというわけです。

誰にもわからない「資本主義」の未来

個々の出来事の相互関係を
グローバルな観点から理解するのは非常に難しい。
うまく理解できない理由はたくさんある。
複雑すぎるからかもしれないし、
その変化が直線的ではないからかもしれない。
経済学と気象学の有名な比較がある。
私たちは自然の法則をよく知っているが、
1か月後の天気を予測することは不可能だ。
明日や2、3日後の天気を予測することはできても、

1週間後、1か月後に「必ずこうなる」という予測はできないのだ。経済学にも同じことが言えるのではないだろうか。世界経済は全体を解明するには複雑になりすぎて、いまの経済学は限界に達しているのかもしれない。大きな歴史の流れは予測できないのだ。

（ダニエル・コーエン）

10年後の成長率や失業率を経済学者にたずねても、誰からも責任ある答えは出ないでしょう。それは、経済学が科学的でないからではありません。気象学者は1か月後の気象は予測できませんが、なぜ予測できないのか科学的に説明することができます。経済学者も同じなのです。いま経済学は世界全体を理解する天井に突き当たっている、という言い方もできるのかもしれません。

2008年の金融危機は、多くの経済学者たちを混乱させました。

10年後に、何が生き残っているか、誰にもわからない。

アマゾンが世界でもっとも巨大な企業になると誰が予想しただろう？
フェイスブックも、個人的な写真を掲載するばかげたものが、
まさか世界をリードする企業になると誰が思っただろう？
一方、新しいテクノロジーで世界をリードすると誰もが思っていた
ＩＢＭなどの世界の巨大企業は瀕死の恐竜と化してしまった。
テスラ（アメリカの電気自動車）は、
はたして新しい自動車業界のリーダーになるのか、
バブルで終わるのか？
予測するのは本当に難しい。その理由は単純だ。
企業が成功するかどうかは、
キリンの進化と同じように、結果を見るまで誰にもわからない。
これはシンプルな教訓だ。

（ダニエル・コーエン）

新たな産業、新たな分野、新たな需要は思わぬところから生まれます。

もちろん、たとえば、いまのままで進めば、少子高齢化によって、老人の介護の需要なども増えるでしょう。

またそこで、ＡＩが活躍する分野も増え、さらに外国人を労働力として受け入れる流れにともなう「市場」も生まれていくことでしょう。そうした、人口動態に基づく予想などからある程度予測できることもあります。

しかし、画期的で斬新な「商品」は予想を超えたところからもたらされます。

そのことを頭にとどめ、予測できること、できないことを見極めながら、できる限りのことを考えるのは、大事です。

たくさんの人々が生きる多くの国、多くの市場の相互関係は複雑すぎるため、経済学を気象学と比較する議論のほうがわかりやすいかもしれませんね。

私たちが未来を予測する能力には限度があることを認めて、それを前提にして行動すべきだということです。

世間には未来を予測する情報があふれています。

けれども本当に、その予測が正しいのでしょうか？

過去の延長ではとらえられない「新しすぎるデジタル社会」

新しいテクノロジーの登場で、新たなフロンティアが出現している。
しかし、それは人々がかつて思い描いていた世界とは異なる。
人々は工業社会からサービス社会へ移行することを予想していた。
フランス人作家ジャン・フーラスティエは、
サービス社会を「20世紀の大いなる希望」と表現した。
人間の仕事は土地や機械相手の仕事、つまり農業や工業から、
人間相手の仕事であるサービス業に移っていくと予測し、
そこに希望を見ていたんだ。
当時の人々もそう思っていた。やっと人間的な世界が訪れたのだと。

(ダニエル・コーエン)

資本主義の本質は、18世紀の産業革命以来、市場に技術の革新を掛け合わせることで進んできました。

この200年あまり、世界的な視野と長い歴史から考えれば、広大な市場が広がり、テクノロジーの革命がこれほど長く続いていることも、すごいことなのです。その意味では、今後も、技術の発展には基本的には期待をしたいところです。

しかし、デジタル社会はそれとはまったく違う。
それが、私たちがいま、生きている世界だ。
人々がかつて思い描き、
希望を抱いていた世界とは異なるという意味では、
「新たな失望」と言えるかもしれない。
だが、それが現在の世界であり、私たちはやっと、
どんな世界に対応しなければならないかを理解し始めたのだ。

（ダニエル・コーエン）

生まれた格差、分断の解消は、21世紀の課題ですが、実現の道は、インターネットの登場で以前より難しくなっています。インターネットは人々に自由を与えると同時に、なんでもできるという錯覚を生んでしまったのかもしれません。

限りある人生で何を考えたらよいのか？

他人の幸せばかりを眺めているうちに、自分自身が何をしたいか、何をすべきか、自分の意見がわからなくなっているような人々を生んでいる……？

皮肉なことに、世界がつながったことで、世界へと向けた広がりある考え方、価値観を共有することが難しくなっているのです。人々の意見を一致させることがとても難しくなりました。

たとえば、ポスト物質主義社会を目指し、自然保護を訴える「革新的」な人々と、古き良き時代の道徳の回復を求める「保守派」の人々が議論するための共通の土台を作ることなどは、とても難しくなりました。

「資本主義」が「民主主義」を壊す？

そもそも「革新」と「保守」という分け方自体がとても難しくなりました。「左派」と「右派」という言い方を、聞いたことはあるでしょうか？　簡単に言えば、左が「改革」を目指す人々、右が「現状維持」を主張する人々ということになりますが、80年代以前まで、そうした図式が素直にあてはまったのかもしれません。

労働者の所得をどう増やすか？
医療や教育に政府はどう予算を割くべきか？

こうした議論も、同じ社会の枠組みをある程度共有した上での議論だったので、「左」も「右」も論戦をしながらも、共通の土俵を見つけやすかったのです。

しかし、80年代以降、バブルを経て、ネット時代が到来して、何が「革新」で、何が「保守」か？　何を変えるべきで、何を変えてはいけないのか？

問題をとらえる構図自体の共有が難しくなりました。

日々、ほんとうにさまざまな細かな問題への不満、個々の問題への批判、主張などが、ネットに膨大につぶやかれることで、意見を集約することの難しさが生じています。政治の議論も複雑になるばかりです。

「資本主義」と言うと、みんなすぐ「経済」の問題だと思うでしょう?
しかし実は、「経済」だけの問題ではないところが、重要なのです。

経済学は長いこと、一般的に「希少な資源の最適な配分を科学的に分析する学問」という定義を掲げてきました。しかし、その定義そのものも時代とともに更新し、考え続けなくてはならないのだと思います。

そして、いま、僕たちの住む、複雑な世界のことを考えれば考えるほど、その複雑さを視野に入れながら、経済という枠組みだけではない考え方を生み出していく努力をしなければならない、大事な段階にあるのです。

資本主義、経済という現象が複雑なだけでなく、人々の欲望、感情、考え方もより複雑になってきています。

僕らはいまの世界に広がる「格差」「分断」、そうした言葉だけでは表せないような、人々の間にあるさまざまな溝、緊張関係を理解し、その上で注意深く、さまざまな問題を考えねばなりません。問題を多くの人々と共有し、社会が分裂しつつある現状から、目をそらさないようにしなければならないのです。

スマートフォンを使っているつもりで使われている

技術、テクノロジーが隅々まで制度として行き渡った社会は、人間の感情、感受性、感性、人の心のさまざまな複雑なありように、少しずつ影響を与えていきます。そして、人間の欲望のかたちにも影響を与えるようになっていくのです。

たとえば砂漠を歩いた果てに一杯の水を「欲しい」と感じる、生きるために必要な衝動。それを「欲求」と言うのであれば、さまざまな文明、科学技術に囲まれた現代社会に生きる多くの人々は、そうしたシンプルな「欲求」だけでは生きられなくなっています。

日々、スマートフォンに目を凝らし、パソコン画面とにらめっこし、さまざまなシステム化された「ルール」の中で抑制を抱えるうちに、自分が本当に欲するものがわからなくなる、そんな病を多かれ少なかれ抱えこんでいる人が増えています。

人間には、「欲求」のみならず「欲望」があります。

シンプルな欲求
だけでは生きられない？

それは、ある意味、本能が正しく働かなくなったときに生まれる、錯誤（まちがい）をともなう過剰な感情だと言えるのかもしれません。「欲望」は、自らの生存にマイナスに働くこともあります。さまざまな中毒症状の蔓延が、その存在を証明しているとも言えるのかもしれません。

「わかっているけれどやめられない」

「自分で自分がわからない」

そうした衝動にまでつながりかねない不安定なものですね。そしてそれは、その時代の社会のあり方、文化のあり方と、実は深い関係性があるのです。

「欲望の資本主義２０１８」にも出演してもらった、哲学者マルクス・ガブリエルは、２０１８年の夏に来日しました。

日本を旅している中で経験できることの一つは、極度の平穏、つまり秩序の中にある瞑想に近いような静けさと、ものすごくクレイジーな混沌とが興味深く混在していることだ。電車というシステムが一番いい例かもしれない。

> 人々はみんな秩序を守って列に並んでいる。(中略)
> でも本当は混乱や不安を抱えていると思う。
> 働きすぎやクレイジーなシステムや、
> ラッシュアワーのストレスなどでね。
> 表面的には瞑想的な平静さを保っているけれども、
> その精神状態はおそらく瞑想とは程遠いのだろう。
>
> 『マルクス・ガブリエル　欲望の時代を哲学する』

現代の日本社会がすばらしい経済的な豊かさを達成していることに驚きながらも、同時に、見えない心の抑圧を抱えていることを、ガブリエルは指摘しました。

> 乗客の多くはすごく疲れてそうな顔をしているね。
> それにおそらく、次の駅に着くまでのわずかな時間を使って
> 考えごとをしているんだろう。(中略)
> みんなが常に……少しでも考えごとをする時間ができると

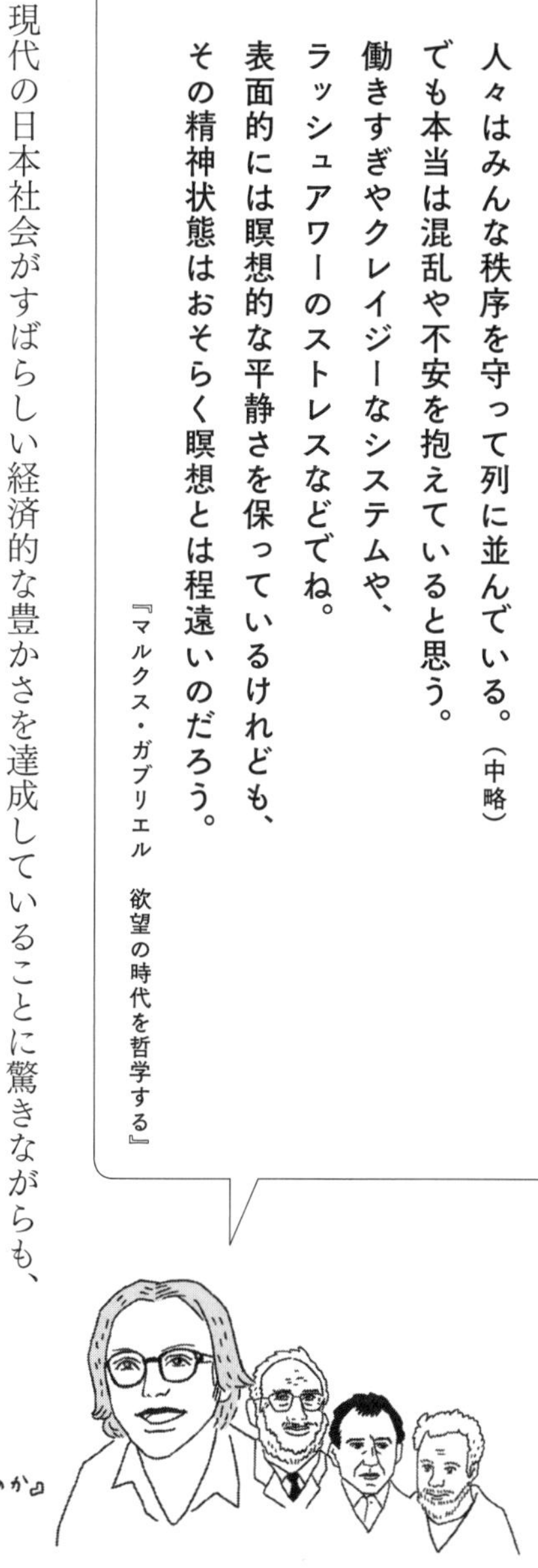

マルクス・ガブリエル
ドイツ人哲学者。
『なぜ世界は存在しないのか』がベストセラーに。

人はスマホを取り出す。それも巨大なエネルギーシステムの一部だよ。
スマホは文字通りエネルギーマシーンだ。エネルギーの送信機だ。
誰かが何かをグーグルで調べると、
エネルギーを変換することになるんだ。
人々は常にエネルギーシステムと接触しているんだ。（中略）
それにもかかわらず、誰もやめようとしない。

『マルクス・ガブリエル　欲望の時代を哲学する』

彼によれば、日本では「電子の迷宮」が、人々の無意識に、さまざまな抑圧を植えつけている、と言うのです。つまり、デジタル技術が、人々の心を少なからず支配しているというのです。

スマートフォンを使っているつもりで使われている、と言われてもしかたがない時代に生きている僕らには、なんとも複雑に響く言葉です。

それにしても「文明」とは、いつも両義的（いいことと悪いことが背中合わせになっている）

ですね。すばらしい成果、人間を人間たらしめる輝かしい達成でありながら、同時に人間を破壊する可能性も含んでいるのが、技術というものです。

もちろん、技術自体は「使いよう」のはず。

よく使うのも、悪く使うのも人間しだいです。しかし、現代のデジタル技術の発展の段階までくると、いよいよ、その技術がもたらす、逆転現象までしっかり見すえないといけないのではないでしょうか？

ポイント

デジタル技術は、人々の心を少なからず支配している。

経済学も、「数字」にばかり目をうばわれてはいけない

ここから導き出される、ガブリエルが指摘した重要なポイントが、もうひとつあります。

自然科学的なもの（化学や物理学、生物学など、自然界の現象を研究する学問の総称）の見方だけが正しいとする考え方＝「**自然主義**」、これをきっぱりと否定することでした。自然

科学の視点が、必要以上に重視、絶対視されることへの警告です。

つまり、知らずしらずのうちに、科学的なものの見方だけで社会を、人間を、そして、すべての経済行為、資本主義の市場の論理までを、とらえるようになっていくことへの恐れを、ガブリエルは指摘します。

たとえば30年ほど前まで存在した、アメリカとソ連という資本主義と社会主義の二大超大国の対立。一見、市場を重視する資本主義、計画を重視する社会主義と対照的に見えた両者ですが、実は、ともに同じ過ちを犯していたと、彼は主張します。

それも「自然主義」が招いていたと言うのです。

確かに、単に資本主義と社会主義という経済システムの違いで対立したはずの両国も、宇宙開発競争、さらにその果てには、核兵器の開発競争でしのぎを削っていたのですが、ベースの価値観は科学「万能」主義という意味では同じものだったというわけです。

「自然主義」は、しばしば、独り歩きしがちです。

世界の生きているさまざまな人々の経験による実感、体感、生きている人の想像力などを軽視して、科学的な測定の成果、データばかりに目をうばわれてはいけません。

そして、気をつけなければならないのは、その科学的な成果のみが、「正義」「真理」としてまた独り歩きをしてしまいやすい、ということです。

もちろん、ここできちんとお伝えしなければならないことがあります。

科学的なものの見方はとても重要ですし、現代の技術が生んだ成果もすばらしいことなのですが、しかし同時に、そのことによって、そうした見方だけ、科学技術的なものの見方のみがすべて、となる社会は危険なのです。

資本主義は、その競争によってすばらしい科学技術を次々に生み出し、世界を豊かにしていきます。

しかし同時に、その成果がすばらしければすばらしいほどに、その技術が持っている論理、しくみ、発想法が世に広まり、その考え方を通してしか、社会や人間を眺められない人が生み出されてくるという逆転を招きやすいのです。

この逆転には、注意深くつき合っていく必要があります。

ポイント

すばらしい技術が生まれる。すると、その考え方を通して社会を見る人が生み出される。

資本主義が壊れる？

〝闇の力〟が目覚めるとき

ここまで、さまざまな角度から、現在の
資本主義の難しさをお話ししてきました。
そうした現象がすべて一緒になったとき、
資本主義はどうなっていくのでしょう？
もう終わってしまう、と言っている人も
いるのですが……。はたして、そのとき、
考えなくてはならないのは？

現代の資本主義が巻き起こす「3つのねじれ」

さて、ここまでを、ちょっとまとめておきましょう。

①「グローバル化」でさまざまな国が市場として結ばれ、不安定性を増している。
②「共感」の商品化で価値観が惑わされ、自らの欲望が不確かなものになる。
③「デジタル技術」の進歩が、格差を拡大させ、分断を招いてしまう。

①グローバル化、②「共感」の商品化、③デジタル技術の進歩、いずれもいまの資本主義を複雑化させている原因を見てきたわけですが、その根本にあるのは、シンプルな原理であることには変わりありません。

すべての差異を商品化し、それを売り上げの数字で測り、「少しでも多くなった」「前に進んだ」「前に進むことに意味がある」として、それを原動力とする、それが資本主義の本質だからです。

つねに目新しいものを求め、商品化し市場する、そうした繁殖力こそを命とする資本主義は、自身の拡大を自分では簡単には止められないのです。

まさに「やめられない、とまらない」です。

私たちは、そうした「競争」のルールへの意識を持って、走り続けるしかないのかもしれません。

ただ、その走りには、いつもコントロールが必要です。

そのために、政府があり、政治があります。

行き過ぎた競争や、あまりにもひどい貧富の差が生まれたときに、富める人から貧しい人へと再びお金がまわるように**「所得再分配」**といわれる調整を行うのですが、それだけでもかじとりが難しい状況になっています。

こうした大きな変化の時代だからこそ、変わらないものは何か？

変化の中にある本質に目を凝らすことが大事なのです。

20世紀の巨人が見通していた「本質」とは？

ここでようやく、「資本主義が壊れる」という刺激的な発言をした人の真意を確かめてみましょう。31ページに登場した、シュンペーターという人でしたね。

市場での、はてしない競争。それを「創造的破壊」と呼び、さまざまなものを組み合わせて新しい商品や、ビジネスのかたちを考える革新的な発想＝「**イノベーション**」という言葉も生んだ、ヨーゼフ・アロイス・シュンペーターは、こんなことも言っています。

知性や想像力が産み出すものは、大抵、時とともに空しく消え去る。
宴(うたげ)が終わって1時間もすれば、世代が変われば、消えてなくなる。
だが、中にはそうではないものもある。
輝きは失うが、また甦(よみがえ)ってくるのだ。
しかも、文化遺産の目に見えない要素としてではなく、

その人の装いが見え、
その人の心の傷に触れられるような形で甦ってくる。
そうしたものを、偉大なものと呼んで差し支えないだろう。
偉大なものを生命力と結びつける
この定義にまったく不都合な点はない。
その意味でマルクスの預言が偉大であることは間違いない。

（『資本主義、社会主義、民主主義』ヨーゼフ・シュンペーター　大野一訳）

経済学で著名なケインズと並び称される20世紀経済学の巨人シュンペーターは、『資本主義、社会主義、民主主義』の冒頭を、資本主義を批判したカール・マルクスへの賞賛から始めています。ロシアに社会主義をもたらし、シュンペーター自身が生まれた年、1883年に奇しくも亡くなったマルクス。「資本主義の最大の批判者」の偉大さを、迷うことなく語るのです。

マルクスへの賞賛は、この後、こんな言葉で表現されています。

カール・マルクス
資本主義に対抗して社会主義を発想した思想家。

偉大なものには闇の力があると考えてもよい。
根本的に間違っていると考えても、
細部にいくら承服できないところがあってもかまわない。
マルクスの体系は、そのような批判を受けても、また、
たとえ的確な反証を突きつけられても、致命傷を負うことはなく、
かえって構造の力が際立つ。

（『資本主義、社会主義、民主主義』ヨーゼフ・シュンペーター　大野一訳）

シュンペーターが「偉大」と言い切るマルクスの「闇の力」とは、いったい何なのでしょうか？

資本主義は「その成功ゆえに」自ら壊れる？

シュンペーターは、いつも独特な屈折をはらんだ、皮肉な表現をしばしば口にします。重厚な多くの著作物にも、真意をとらえ損ねてしまいそうな逆説的な表現が、あ

ちこちにちりばめられているのです。

さあ、ここで、1章で紹介した、あの言葉の登場です。

資本主義は、成功する。だが、その成功ゆえに、自ら壊れる。

（『資本主義、社会主義、民主主義』ヨーゼフ・シュンペーター　大野一訳）

シュンペーターは、さまざまな場で、さまざまな書物で、少し表現を変えながらも、繰り返し、このことを主張します。

もう少しその真意を知るために、彼の言葉を聞いてみましょう。

資本主義はまさにその成功ゆえに、
システムを支える社会制度が揺らぎ、崩壊を迫られる状況が、
社会主義への移行を強く示唆する状況が、
必然的に訪れる。

（『資本主義、社会主義、民主主義』ヨーゼフ・シュンペーター　大野一訳）

「資本主義の限界」を説くシュンペーター。1行目の「その成功ゆえに」がポイントです。経済的な富を生むシステムである資本主義は、物質的な豊かさを生むという意味では、成功を収めます。しかし同時に、その経済的な豊かさによって生まれた社会の中に、資本主義を好ましく思わないような空気、そして要素が生まれる、というのです。

こんなことを記していても、彼自身は、資本主義という社会体制の存続を願っていました。

決して資本主義が終わればよいなどと思っているわけではないことを強調しながらも考察を続けるシュンペーターの思いは、いつも引き裂かれているように見えます。

変化を求めながらも、安定がほしくなる
――人間は「ないものねだり」

社会制度や歴史的な枠組みなど、独特な視点から経済現象を読み解くシュンペータ

ーは、資本主義の本質を、固定化しない動きとして見ていました。静ではなく動、つまり、時間とともに変化するプロセスだと。そこに資本主義の富が生まれるしくみの本質を見ていたのです。

だからこそ、人々はいつもイノベーションを目指し、「**創造のための破壊**」をおそれてはならないと、考えていました。新しい挑戦をして、新しい商品を生み出し続けてこそ資本主義、「**作って壊して**」、この繰り返しに飽きてしまったらおしまいだ、というわけです。

しかし、人間の性というものも、どこか「**ないものねだり**」のところがあります。変化を求めながらも、安定がほしくなるもの。

変化の連続がつらくなれば、どこかに、変わることなく安心できる場がほしくなるものです。

富を得て、権力を使ってルール変更をしたくなることもあるでしょう。市場での絶えることのない競争よりも、大きな組織、企業に属することによって、ひとまずの安定を望む人々が増えることも、ひとつの例です。そうして身を守りたくなるのです。

こうして人々の心の底をのぞきこむ洞察の結果、資本主義の競争のはてに、競争より安定を求める人々を生み、大企業の市場の独占的な状況や、効率を重視しない官僚的な体質までも生んでしまうことを、シュンペーターは予言していました。
競争で勝者となり、ある程度の力を得た人々は、その地位を維持するためにルールを変えることを望むようになり、社会階級も硬直化する――。それによって、資本主義の停滞が起きると考えたのです。

だから、資本主義は生きのびない？

私が、資本主義が生きのびないであろうと考えるもっとも深い理由は、そのシステムが私たちの精神に対して与える合理化の効果、また、そのシステムが伝統的なすべてのものを、除去するという効果からです。

（『資本主義は生きのびるか』ヨーゼフ・シュンペーター　八木紀一郎訳）

「合理化」も、「伝統的なものを除去する」ことも、これまで見てきたように、市場のしくみがもっとも得意とすることです。

より安く、より速く、より効率的に、競争のためにしのぎを削ることで、「不合理」なものほど排除され、「革新的なもの」が歓迎されるのが、市場であり、資本主義というものです。

しかし、それが達成されるほどに、資本主義という全体の社会制度は危ういものになっていくというのです。シュンペーターはさらにこう言います。

社会主義は、ただひとつの形態だけで規定されているのではない、
ということを忘れてはなりません。
ある日とある国で、
社会主義は、貯蓄に対してプレミアムが課せられ、
そうした形態で利子を導入するような社会主義が採用されることは、
大いにありうることです。
なぜなら、私たちは、社会主義について語るとき、

マルクス的な社会主義以外に、他の社会主義が存在することを、すっかり忘れているからです。しかし、これも社会主義ではあるでしょう。

（『資本主義は生きのびるか』ヨーゼフ・シュンペーター　八木紀一郎訳）

少し、難しかったでしょうか？

ようするに、「マルクス的な社会主義」以外の社会主義の実現の可能性を、シュンペーターは指摘しているのです。

「貯蓄に対してプレミアムが課され」というのは、つまり、所得ばかりでなく貯金に対しても特別な税金が課されるような制度が導入される、ということです。たとえばこのように、政府がさまざまなかたちでもうけを搾りとるようなことがあったら、新しいビジネスをおこそうという起業家たちのやる気も減退し、それは、事実上社会主義と同じことになっていくのではないか、と言うのです。

人間の性と、それにともなう社会の動きを探究し続けたシュンペーター。資本主義社会の硬直化を見抜き、さらに、広い意味で、「社会主義」的な要素が資本主義の制度の中にも生まれる可能性を考え続けていました。ある意味では、彼の予言は、あたっていたと言えるのかもしれません。

シュンペーターが見抜いた、マルクスの「闇の力」とは？

こうした複眼的な目を持つシュンペーターが、評価したマルクスの「闇の力」とは？
それは、このくだりに集約されます。

手動の製粉器は、封建社会を生み、
蒸気式の製粉機は、資本主義社会を生む。

（カール・マルクス）

深く考えてみてほしい大事なポイントです。
シュンペーターが偉大だと賞賛したのはこの言葉、技術が社会のかたちを決めてしまうことを見抜いたマルクスの「眼」のすばらしさに向けられています。

強力な時代の技術は、社会制度のあり方を規定していく――。しかも、それはおそろしいことに、その社会の人々の精神状態、ものの考え方など、無意識のレベルにまで影響を与え、規制していくのです。

そしてそれは逆の角度から表現すれば、社会制度、文化などのありようは、資本主義の生産手段である技術、効率性を高めるはずのテクノロジーなどが、そのカギを握っているという言い方もできるのだと思います。

つまり、すでに4章、5章で見てきたように、歴史を振り返ったときに、産業革命がなければ資本主義もここまで強大な力を持つものにはならなかったということでしょう。さらに、デジタル技術の発展は、デジタル技術だからこその社会をもたらし、資本主義のあり方を決めてしまう、ということなのです。

ポイント

強力な時代の技術は、社会制度のあり方まで決めてしまう。

ラインが「ポスト近代社会」を生む？

資本主義に対抗して、社会主義という社会のあり方を発想したカール・マルクスという思想家は、200年以上前に、技術のすばらしさとおそろしさをかみしめていました。

産業革命が進行することで、技術という生産手段を持つ資本家に労働者は屈するしかなく、そこで生み出された富は、不当に資本家のものになってしまうことを、分析してみせたのです。

そして、生産効率を劇的に変える技術が広まり、その生産手段が主流となるにしたがって社会そのものも変わっていく――。そこまで直感的に見抜いていました。

技術は、人間が発明し、便利だからこそ使うはずなのですが、往々にして不思議な「逆転」が起こります。

「使う」はずの技術に、「使われる」。

技術が、社会のしくみを変え、決定的なものにしていく。技術の便利さが社会の主流の価値観となることによって、みんなが技術のスピード、技術のしくみによる表現に合わせていくようになり、社会が変わる皮肉を、鋭く象徴的に表現しています。

このマルクスの発想法を、いまにあてはめて表現するなら、

ITは超近代社会を生み、ラインはポスト近代社会を生む。

といったところでしょうか？

時代の通信技術のスピードが、人々のスピード感に、人と人とのコミュニケーションのあり方にも影響を与え、さらには社会のしくみを変えていきます。

そうしたまなざしでみると、いま私たちの社会は、大変な移行期にあるのです。

インターネットが広まってから、まだ30年しかたっていない

生まれたときからコンピューターがあり、インターネットでいつもさまざまなものとつながっている環境で育ってきたみなさんに、ここで少し想像してみてもらいましょう。パソコンも、インターネットもまだ、ほとんど社会になかった時代を。

たとえば、50歳を過ぎたお父さん、お母さんであれば、実際この数十年の流れを振り返れば、日常的な仕事の中でも実感できることです。

技術の変化は仕事の作法の変化に直結し、さらには人々の気分を、感情を、心を変えていきます。

30年ほど前、会社での企画書などのやりとりも、最初は鉛筆やボールペン、万年筆での手書き文書でした。

それが、ワープロ（ワードプロセッサーと言われる通信機能を持たない、文書作成の機械）にとってかわられます。キーボードを叩いて言葉をディスプレイに表現する技術に驚きました。「挿入」、「削除」、「複写」などが簡単にできることから、人々は、「**とりあえず思いつきなどを書き表す**」ことを始めます。

企画文書なども全体の構成を考えて、頭から後戻りできないという思いで文章を組み立てる「手書き」から、文字を打つことが主流となることで、とにかく「**とりあえず書き、後からまとめる文化**」が生まれます。

そのうちにパソコンが普及、メールでのやりとりが始まり、そこでもワード、エクセル、パワーポイントと、表現のツールは多様化しました。

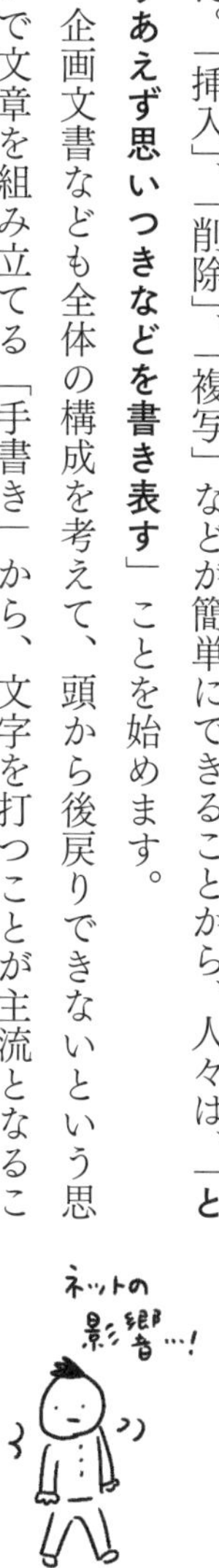

ついこの間サービスが終了したポケベルもありました。携帯メールで、「今日は会社休みます」などと一方的に言ってくる社員はけしからん、と話題になったのは90年代後半頃でしょうか？

そしてみなさんが生まれた2000年代に入って、メールでのやりとり、ネット上での仕事の共有が本格化します。いままで電話があちこちで鳴って、さまざまなやりとりが響いていた職場が激減、みんなデスクでパソコンに向かって黙々とキーボードをたたき続ける風景が日常的なオフィスの風景となっていったのです。

さらに、2010年代以降の、フェイスブック、ツイッター、ライン……。仕事で効率化を図るための情報共有のスタイルはどんどん変化しています。これぐらいの時代になってくると、もうみなさんの日常ですね？

仕事をするチーム内で「**複数の人が一瞬で情報共有し、即時応答する文化**」が普通になっています。

30年前までは、ほとんどの会社で、鉛筆やペンで企画書や書類を作ったりしていたこと、それをコピーして会議していたことなど、14歳のみなさんには、とても信じられないかもしれませんね。

ですが、それがあたりまえでした。

この30年は、仕事の手段、技術が変わるという意味で、本当に劇的な変化の時代だったのです。

そして重要なのは、こうしてツールが変わったことで、いつの間にか、ツールに盛られる情報のかたち、表現も変わり、さらには仕事の進め方、そのルールも影響を受けていった、ということです。

いつの間にか、それは仕事、労働の定義にもゆさぶりをかけ、組織のあり方にも力を及ぼし、社会というもののあり方を変えていくのです。

技術は、気づかないうちに、人の心の奥底の思いを変える

そして、さらにここでもっとも忘れてはならないのは、そうした仕事の「手段」の

変化が、単に表面的な話ではなく、そこで働く人間の心のあり方、さらには本人すら気づかないような心の奥底の思いのかたちにまで大きく深く影響していくことです。

はじめに経済が変わり、
その結果として、社会が変化していく。（中略）
私たちのものの見方、ものの考え方、
社会にどれだけゆとりを感じられるかは
日々の仕事の中、経済の枠内で、決まってしまう。（中略）
生産の形態、条件が、社会の構造を決める。
個人や集団が、その流れを変えることはできない。

（『資本主義、社会主義、民主主義』ヨーゼフ・シュンペーター　大野一訳）

現代は、ＩＴがすでにコミュニケーションばかりでなく、社会のあり方を革命的に変えた時代です。そうした視点に立ったとき、その先には、最近話題となり、すでに生活の中に入ってきているＡＩ＝人工知能のもたらす影響についても考えなくてはな

りません。

人間のさまざまな知力のしくみを自ら学習し、人間並み、あるいはそれ以上の力を発揮する人工知能の技術は、急速に進んでいます。人工知能は、パターン化された仕事などをどんどんこなしていくことはとても得意です。うまく使いこなせれば便利になるわけですが、そこで、人間には、つねに創造力が求められ続ける大変さが待っているかもしれない、というお話は4章でしましたね。

AI時代の「会社」や「組織」はどう変わる？

AIの発達によって、創造力を原動力としていく社会が実現すれば、それはすばらしいことだと思います。会社などの組織のあり方も変わるかもしれません。

モノ作りを中心とした工業社会はピラミッド型の組織を標準としていました。パターンが決まったものを大量に安く早く作ることが第一目標であれば、そうした**「タテ型」**の命令系統のほうが、効率がいいからです。

しかし、新しい発想、アイデアの新たな組み合わせ、斬新な商品開発がもっとも大事な使命となる組織は、「**ネットワーク型**」とも言える「**ヨコ型**」の人間関係で、ゆるやかなつながり方が大事となるでしょう。

どんな組み合わせで、どんな方法論で、ビジネスのチャンスとなるような発想が生まれるか？　道なきところに道を見つけるような発想力、柔軟な思考力にこそ価値が高まるのが、ＡＩ社会です。

会社の壁も以前より低くなり、異業種の組み合わせで、新しい事業を起こすことなども増えていくはずです。

すでにそうした予兆(よちょう)はあり、会社に所属しながら、勤務時間以外に他の会社の仕事をしたり、自ら会社を作ったりするような人も増えています。しかし、そうした文明論的な変化の中で、まだ多くの会社はそうした柔軟な変化、大胆な組織改革に対応できていません。

そして、もうひとつ。

ＡＩ主導の社会となろうとするとき、注意深く考え続けなくてはならない「自然主義」の問題は、５章の終わりでお話ししたとおりです。数字的なものに、過剰にふりまわされてはいけません。

歴史的な流れをふまえて、危機感を表明する人々の声を聞いてみましょう。

資本主義は、すでに崩壊している？

「欲望の資本主義2018」での経済学者トーマス・セドラチェクと、いま注目を集めるドイツの哲学者マルクス・ガブリエルの対話では、こんな言葉が行き交いました。

> 今日（こんにち）の資本主義の問題は、
> 問題があるはずなのに問題にされていないことなのかもしれない。
> 言いかえれば、資本主義はなんとか機能しているけれど、
> なぜそれが機能しているのか、実はあまりよくわかっていないのだ。
> 私たちは、「資本主義はそこそこには機能するけれど、
> 完璧には機能しないものだ」ということを心に留めておくべきだ。
> 資本主義がいま、どんな状況にあるか、
> 誰にも確実なことは言えないはずなのだから。

もしかしたら世界はすでに崩壊しているのかもしれない。

（トーマス・セドラチェク）

「資本主義はモノの生産をともなう組織的な活動全体」
と基本的には、定義できると思う。
それが、資本主義が代替案のないシステムとなった理由だ。
今日の資本主義は、システムもシステムの理論も、
単なるモノの生産と基本的には同義だと思う。
かつて、私たちは資本主義に代わるものがあるはずだと考えていた。
モノの生産と消費の観点から、
どのように社会を構成するべきかに関する理論が数多くあった。
そして、そのすべては、歴史と科学的、技術的な進歩によって、
ある意味では、誤りだったと証明されたのだ。

（マルクス・ガブリエル）

激しい言葉が続きますね。しかし、ふたりがこれだけ熱く「危機」を語らなければならないほどに、現代の資本主義は、なかなか「出口が見えない」さまざまな問題を抱えているのです。

105ページでふれた10年前の金融危機から、「**1パーセントと99パーセント**」と表現される、資本主義による格差拡大、そしてそれが招いている、社会階層の分断。グローバル化がインターネットの普及とともに、社会構造を変化させているのです。

技術が推進するネット上のバーチャル経済が、1パーセントの人々をどんどんマネーゲームへと駆り立てて、99パーセントの人々に、そのゲームに乗れないあせり、いらだちを引き起こさせる方向へと走っているとしたら？

「不安」の集団心理が広がっていく状況を見すえて、デジタル技術がもたらしている資本主義のかたちを、じっくり考えなくてはならないタイミングなのではないでしょうか。

「欲望」が、資本主義のかたちを決める？

ルールはいつの間にか書き換えられる

何かが欲しい——。こうしたシンプルな
欲望が、すべての経済活動の始まりです。
しかしその欲望は、いつの時代も同じ心
の動きから生まれているのでしょうか？
たとえば、産業革命の前の時代の人たち
の欲望と、現代を生きる僕らの欲望は同
じ、と言えるのでしょうか？

資本主義は「見世物」か？

> 資本主義は「モノの生産をともなう組織的な活動全体」と定義できる。しかし、「モノを生産する」(produce) という言葉の語源は、「前面に導く」ことだ。「モノを生産する」とは「前に導く、見せる」ということを意味する。つまり生産は、ある意味でショー(show) なのだ。
>
> (マルクス・ガブリエル)

資本主義は、ある意味すべてが「ショー」、つまり見世物であると言い切るのは、先にも登場したマルクス・ガブリエルです。

さすが哲学者らしい、そもそも言葉の本来の定義にたちかえるところからの発言です。確かにいままで見てきたように、さまざまなものを商品とする市場での売り買いを基本とする資本主義では、「新商品」は新たなエネルギーを呼び起こします。

そして、その「新しさ」とは必ずしも、その機能などで実現されていることが条件でなくてもいいのです。デザインでも、イメージでも、いままでと異なる「何か」がその商品から感じられれば、立派な新商品という言い方ができるのです。

実際、スマートフォンなどを買い替えるのが好きな人は、その性能というより、ブランドや、そのバージョン、そしてそれを持つことをステータスのように感じて、新製品に飛びつきますよね。

また、3章でも見たように、「共感」が商品になるような時代には、なおさらです。人々は、感情、気分を売り買いしているのですから、現代の資本主義社会を生きるということは、僕たちすべてが「ショー」の中にいるようなものかもしれません。

そして、こうした「資本主義がショーだ」という言葉に多くのみなさんが納得するような時代になったのは、実はこの30年ぐらいのことだと思います。

3章でもお話ししているように「豊かな社会」が実現した結果、コトの消費、さらに「共感」の商品化で、ある意味ココロの消費の時代に入っていることも影響を与え

いままでと何かが違えば“新商品”

ているのでしょう。

産業革命の前の時代を知ることで見えてくるもの

技術が資本主義を駆動し始めた18世紀、産業革命。

そこから現代まで、さまざまな技術革新が、私たちの社会の制度を変え、人々の心のありようを変えてきたわけですが、では、それ以前はいったいどんな社会だったのでしょうか？

ここで、17世紀後半から18世紀のヨーロッパで進んだ知の転換の持つ意味を、あらためて考えてみることは大事かもしれません。

フランスの哲学者デカルト、思想家ルソー、イギリスの政治哲学者ホッブズ。

ヨーロッパのあちらこちらから生まれた思想に共通していたのは「近代科学」「合理主義」というベースとなる考え方です。

もちろん、それぞれ丁寧に見ていくと、さまざまな違いはありますが、その思想の底に流れている考え方、視点の中に、「近代」前夜の空気を感じとることができます。

そして18世紀後半、まさにルソーの言葉を礎にして、フランスでは民主主義への革命が起き、またイギリスでもその同時代に本格的な産業革命が始まり、技術が主導する時代へと転換していったのです。「近代」化の画期的なポイントです。

時代時代に、世の中全体を支配する空気があります。

多くの人々の心の中に宿る、共通したものの見方、考え方があるということです。

それは、人々の中に、いつの間にか、自然と染みついているものだと思います。

欲望は、時代が植えつけるもの？

僕が「欲望の資本主義」という番組企画を最初に思いついたときの仮のタイトルは「欲望のインセプション」でした。

ハリウッド映画に『インセプション』という大作があります。ものごとの「始まり」であり「植えつけ」という意味も持つのが、「インセプション」という言葉です。

映画では、企みを持つ主人公が、ターゲットの夢の中に入りこみ、眠っている状況でゆるやかになった潜在意識から情報を盗んだり、逆にあるイメージの「植えつけ」

を巧妙に行う姿が描かれます。スクリーンの中の物語は現実にはあり得ない、まさにSFの世界です。

しかし、むしろ一見荒唐無稽(こうとうむけい)な、大胆な思考実験とも思えるからこそ、その「インセプション」という行為の面白さが、逆にリアルに迫ってきます。

夢と現実、いったいどちらが、物事を動かしているのか？

実は、僕らはいつも夢の中で、何かを植えつけられて、いまの社会のあり方を信じさせられているのではないか？

などといった思いがぼんやりと浮かびあがります。

そして、映画で感じたその感覚は、現代の資本主義というテーマでも味わうことができるのではないかと、ふと思ったのです。私たち自身が現に見ていると思っている社会そのものも、実は幻想かもしれないという、めまいがするような感覚です。

「常識」が変わるときを、僕たちは知らない

いつの時代も世の中には、「常識」となっているものの見方、考え方があります。

インセプション＝
欲望は植えつけられる

たとえば、みんな、教育を受けるために学校に行って勉強をし、経済的に豊かになるために会社に行って仕事をする……という「あたりまえ」「普通」と感じているようなことがらも、人々の間に共有されているその時代の価値観が「あたりまえ」と思わせている、という言い方もできるのではないでしょうか？

僕たちの欲望のかたちは、いつも時代の社会、文化のあり方によってかたち作られるものです。

知らずしらずのうちに、そう見るように、そう考えるように、仕向けられているという部分もあるのかもしれません。どこに本当にリアルがあるか、などわからないというわけです。

かつては、みんな「神」をおそれ、信じていた

たとえば、フランス革命、産業革命をもっともわかりやすい明確な指標とする「近代」。それ以前は、「神」こそが大きな存在として君臨する社会でした。

いまとなっては、なかなかその時代の「神」という存在のイメージをつかむことも

難しいのですが、現代の私たちが思い浮かべるものとはだいぶ異なります。

それは、宗教的な信仰の対象というより、宇宙や自然の法則のようなものだったと言えるのかもしれません。

人間の知がおよばないという広い意味での「神」。それは、自然、宇宙、そうした大きな存在すべてを包括する存在への意識なのです。

得体の知れないものへの愛情、見えない存在への畏敬の念。実はそうした、説明以前の存在への畏怖、畏敬の思いこそ、どこか現代人が忘れているもの、という言い方もできるのかもしれません。

「これからは○○の時代だ！」には注意しよう

時代が見せる夢、欲望のかたちについて、もうひとつ例をあげてお話ししましょう。

最近、紙幣や硬貨などの現物を持たず、インターネット上で取り引きされる「**仮想通貨**」が話題になっています。

実際のお金と異なり、電子データのみでやりとりされる「仮想通貨」には、国による価値の保証がありません。バーチャルの世界の取り引きへの期待が叫ばれています。確かに、電子ネットワークの時代だからこその資本主義のあり方の可能性も試されること自体は悪いことではないのかもしれません。

しかし、「バーチャルでの信用が経済の中心になる」「これからは仮想通貨だ」といった声には、少々首をかしげざるを得ません。

断定的な言葉は、不安な人々の心に訴え、消費行動をあおります。

「お金持ちなら常識」「美しい人だけが知っている」など、資本主義の最前線で躍る広告の言葉は、乗り遅れてはいけないと思う人々の欲望に火をつけます。

30年ほど前のバブル時代、銀行はもっとも手堅い業種だと、多くの学生たちから思われていました。右肩上がりと言われる時代には、お金を貸して貸した以上の額を回収する金融業を基本とする大手銀行は、安定した人生を保証してくれる夢の就職先だったのです。

そしていま……。

金融界は、バブル崩壊を経験、経営破たんするようなところも生まれ、さまざまな生き残り策を模索する銀行が増えています。

「流れにのっている」ときには目に入らないものがあります。そしてそのときは、「流れにのる」ことが、正しい選択だと思ってしまう人が多いのです。

安易に未来を語る言葉、「これからは○○の時代だ！」という断定には、注意したほうがいいかもしれませんね。

「合理的経済人」ってナンだ？

さて、近代の幕開けの時代に、話を戻しましょう。

「神」を捨てて、「近代」科学の成果が生まれ始めた時代に、科学となろうとしたのが**「近代経済学」**でした。そして、近代経済学もまた、ある時代の枠組みの中で生まれた思考だったのではないでしょうか？

「欲望」という人間の性。近代経済学は、なんとかその実態を「科学」することで分析しようとしてきました。そしてそこでは、「需要曲線／供給曲線」をきれいに描くためには、「合理的経済人」という、自分の利益をもっとも大きくすることを行動の原理とする存在、自らの欲望を明確に把握できる存在を前提としていたのです。

いつも他商品と多くの要素を比較し、冷静に判断した結果、もっとも「価値」ある決断をする**「合理的経済人」**。

そうした人物像は、経済モデルを組み立てるための仮の「前提」だったはずなのですが、いつの間にか、その数式がいつでも当てはまると思い込んでしまう人を増やしてしまったように思えます。

そもそも、いつでも冷静で、合理的であり続ける「人」などいるのでしょうか？

われわれは孤立したまったく別個の存在でもないし、
逆に同じひとつの肉体の部分というわけでもない。

「合理的経済人」はいるか？

合理的経済人

最も「価値」ある
決断ができる存在。

**他人に対する独立性と同時に、
関係性がわれわれの存在の本質面ではあるが、
ある特定の人間がわれわれの存在にとって
必要部分というわけではない。
この点にパラドックス、潜在的に悲劇的なパラドックスが存在するのだ。**

（『引き裂かれた自己』R．D．レイン　天野衛訳）

これは、イギリスの異才の精神科医レインの言葉です。

この本は、さまざまな思想や、今日のサブカルチャーにも大きな影響を与え続ける古典的名著でもあります。「**統合失調症**」は、世界から隔絶され、孤独のなかで自分自身が分断されていくように感じられる病だといいます。そうした悩みを抱えた彼ら彼女らの心の軌跡を追っていったレインは、この書名に象徴される境地へと、たどり着いたのです。

それにしても「引き裂かれた自己」とは、言い得て妙な表現ですね。現代の資本主義の真っただ中に生きる人間は、なおさら「引き裂かれる」のではないでしょうか？

R.D.レイン
さまざまな思想に影響を与えた、異才の精神科医。

「近代」という時代は、「神」を引きずり下ろし、「人間」が主役となっていった時代です。「信仰」や「魔術」から、「論理」や「技術」へと、世の中を動かすルールも変わっていきました。それは、僕たちが生きる世界を、「聖なるもの」から解き放つ過程でもありました。

人間たちが「主体」として拠(よ)って立つところの地面すらも、物質として、つまり科学的な分析の対象として認識し、「豊饒なる神からの贈り物」としての大地という見方を捨てた時代の始まりとも言えるのかもしれません。

「近代」の論理は、確固たる「主体」を持つ人間が、人と人との間に約束事を成立させ、さらに「科学」技術が、さまざまな社会制度を「進歩」させた時代だった、という見方もできます。

近代経済学も、こうした時代の空気を背景に、人々がそれぞれ「主体」として自らの「欲望」を規定していったのですね。しかし、それもまた、ひとつの物語だったのかもしれません。

少なくとも忘れてはならないのは、資本主義は、あらゆるものを飲みこんでいく、ということです。

資本主義は、単なる「商取り引き」、日常生活の物資と金銭の行きかいを縛るだけのものではなく、確実に社会に、人々に影響をもたらし、心の奥底にある思考のかたちを変えていってしまうということです。

さて、そう考えると、社会は進歩したのでしょうか？

人間は進歩したのでしょうか？

神なき時代の資本主義？

マルクス・アウレリウスという、栄華を極め歴史に名を刻んだ、ローマ帝国の皇帝がいます。

哲学者でもあり、「**哲人皇帝**」とも呼ばれ『自省録』という著作も残しています。

戦乱の時代に苦しみながら、人間としての生き方を思索し続けた人の言葉です。

神々をおそれ、人を助けよ。人生は短い。
この世の生活のたったひとつの収穫は、

敬虔な態度と社会を益する行動なのだ。（中略）
次のたったひとつの事に楽しみとやすらぎを見出そう。
それはつねに神を思いながら、
ひとつの公務また次の公務とやり続けることだ。
（『自省録』マルクス・アウレリウス　神谷美恵子訳）

ここで語られる「神」の意味するものとは何でしょうか？

かたちを持った人格のようなものではなく、この世のすべての存在の源、自然の力のようなものと言いかえてもよいのかもしれません。人間が知り得ること、考えることの限界を忘れず、コントロールできない存在をおそれよ、という教えです。

おそれること。それは恐れることとは違います。単なる恐いという気持ちではありません。人間の知性でははかることができない存在がこの世にはあるということへの想像力、「畏敬の念」です。

大事なのは、恐れずに、畏れること――。

資本主義の世界で生きていくときに大事な感覚なのではないでしょうか。

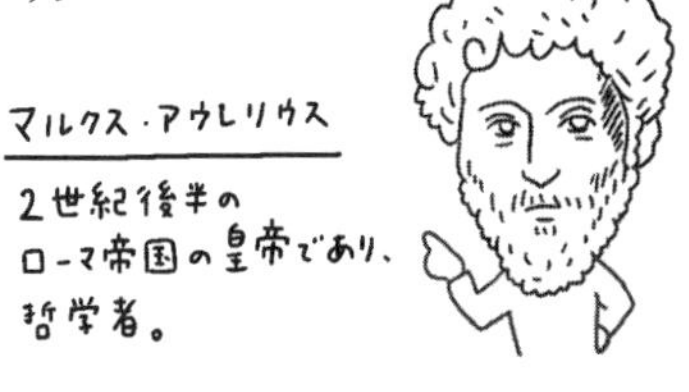

マルクス・アウレリウス
2世紀後半のローマ帝国の皇帝であり、哲学者。

すべてをコントロールできると思ってはいけない、いつも想像を超える状況が生まれることを覚悟しながら、しかし、できることをやっていくことの大事さ。

「欲望」は資本主義を動かします。そして同時に「欲望」は、良薬にも毒薬にもなる、ちょっと厄介な性質を持っていることを、覚えておいてほしいと思います。

「羨望」「嫉妬」——人間の欲望は複雑なかたちをとる

「欲望」。それは、人間社会の中ではさまざまな思いがまとわりついて現れてくるものです。「欲しい」という気持ちのベールを1枚はがしてみれば、羨望、嫉妬、貪欲。背後には、複雑な感情が淀んでいることもあります。

人々の心の内を考察し続けた20世紀の知性の言葉を聞いてみましょう。

メラニー・クラインという精神分析家です。

欲望にまつわる「羨望」「嫉妬」の概念にこう定義を与えています。


羨望は、自分以外の人が何か望ましいものをわがものとしていて、

それを楽しんでいることへの怒りの感情であり、羨望による衝動は、それを奪いとるか、そこなってしまうことにある。（中略）嫉妬は羨望に基づいているが、少なくとも二人の人物の関係をふくんだものであり、おもに愛情に関係していて、当然自分のものだと感じていた感情が、競争者に奪いさられたか、奪いさられる危険があると感じることにある。

（『羨望と感謝』メラニー・クライン　松本善男訳）

メラニー・クライン
羨望・嫉妬、貪欲の概念を定義した精神分析家。

「リンゴが欲しい」「就職したい」「家を買いたい」「結婚したい」。

こうしたさまざまな「欲しい」「したい」という欲望を「需要」に読みかえ、人間の持つ複雑な感情を、科学という名の下に市場での「需要1」という数字に置きかえることで、経済学が進化してきたのは事実です。

しかし、その枠組みを保証していた、「近代的な価値観」自体が、だいぶ怪しくなりかけたかに思える時代、「欲望」の背後にあるさまざまな思いを考察し、枠組みを広げていく経済学もなくてはならない段階にきていると思います。

「合理的」ではない人間の欲望に、どこまで迫れるか?

「**行動経済学**」という、市場での人々の心理、さまざまな錯覚の分析などを取り入れた研究も進んでいます。

たとえば、コツコツ稼いだお金に比べて、思わぬことで手に入った大金などは浪費する傾向があることや、不確実性が高い状況では、人々の行動は直近の経験に左右されやすいことなど、こうした「**合理的経済人**」とはかけ離れた行動をとる人間の性質を細やかに分析することで、変動する株式相場や、失業者の問題など、さまざまな経済・社会現象の解決に役立てようとしているのです。

ここで例題です。

みなさん、たとえば、お小遣いを1000円増やすと言われたらうれしいと思いますが、逆に1000円減らすと言われたらどうですか?

数学的には1000円のプラスもマイナスも、同額の得と損と処理されますよね。

もちろん悲しいかもしれませんが、どちらが感情のゆれが大きいかと言われれば、「減る」ほうが強い人が多いのではないでしょうか？

しかし、行動経済学の理論としては、利益と損失の大きさが同じ場合、人間は得した喜びより、損した悲しみを避ける、つまり「**損失回避**」の行動をとるというのです。こうした心理学の実験で得られたデータを、証券市場などで活用する試みも始まっています。

今後もさらに、精神分析などの成果を導入することもできるのかもしれません。さまざまなアプローチが行われ、「合理的経済人」という前提条件の修正が試みられているのです。

ただ、いま一度ここでかみしめねばならないのは「近代」という、経済学という言葉の上に、それほど意識されずにくっついてきた言葉の持つ意味も、しっかり考えなくてはならないときがきた、ということでしょう。

いまネット社会が開く新たな中世のような社会の空気の中で、どこまで「近代」的な考え方が有効なのかも、また吟味しなくてはならない時代がやってきているのです。

「欲しい」は、どこまで自分の欲望か？

「自分で自分がわからなくなる」時代を生きる

資本主義をめぐる思考の旅もいよいよ終盤です。さて、資本主義とは何なのでしょう？どうルールは変わったのでしょう？そして、どう変わっていくのでしょう？

「僕のお父さんは最高じゃない」──ジラールの欲望の三角形

「はじめに」で、「ケインズの美人投票」というお話をしましたね。
それが「経済学」の分野から生まれた大衆消費社会への考察だとすれば、「文化人類学」の分野からも興味深い概念が生まれています。
ルネ・ジラールというフランスの比較文化学者、思想家が提示した、「**欲望の三角形**」という考え方です。

人の欲望というものは主体的なものではなく、往々にして他者の模倣であり、人が欲しいものを欲してしまうもの、そのとき他者は、同一の対象を欲望するライバルとなってしまう──、この主体と他者と欲望の対象との関係を「三角形」で表現したわけです。

すさまじい情報化が進む現代社会は、無数のトライアングルの増殖があちこちに生まれ、その「**模倣された欲望**」が資本主義の原動力と言えなくもない気がして、お

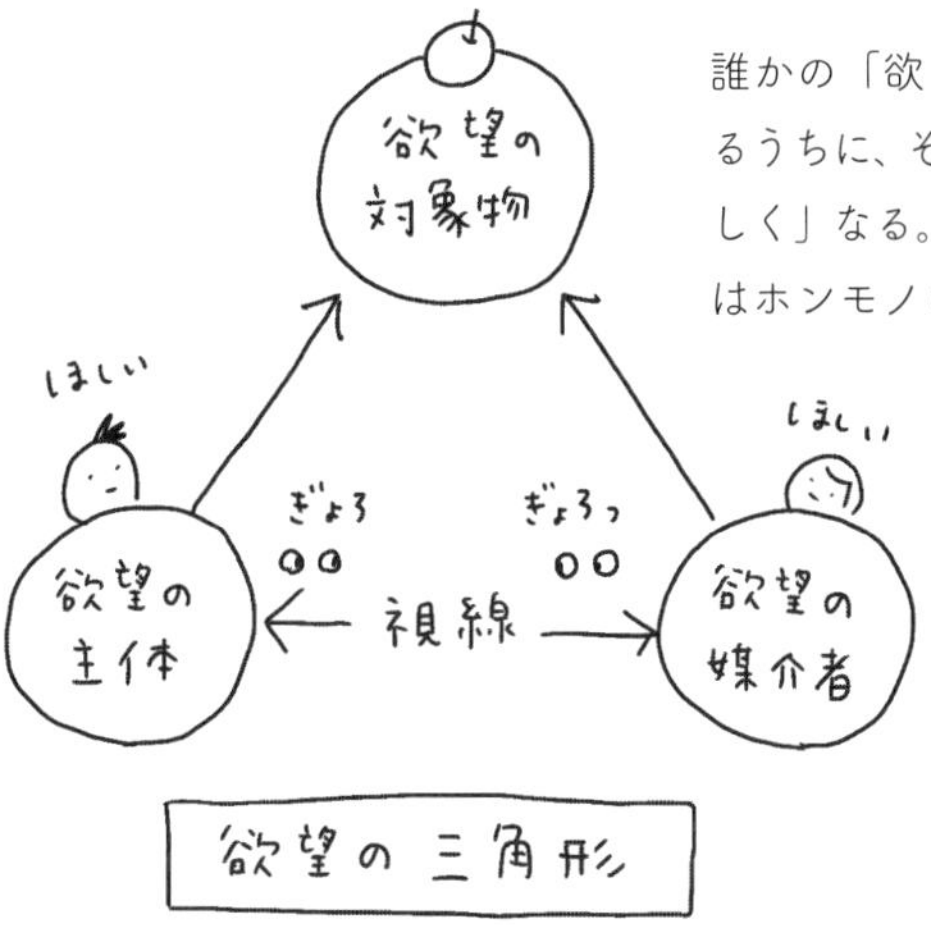

欲望の対象物
ほしい
ほしい
ぎょろ
ぎょろっ
欲望の主体
視線
欲望の媒介者

欲望の三角形

誰かの「欲しい」を見ているうちに、それを自分も「欲しく」なる。この「欲しい」はホンモノなのだろうか？

そろしくなってきます。

技術が格差を拡大する状況について、あるトークセッションに参加したときのことです。その場に参加された方がこんな表現で、現代のSNS社会についての嘆きを口にされました。

「インターネットで、SNS技術が進んで、わかってしまったのは、〝僕のお父さんは最高じゃない〟ということなんです」

この話は僕に強い印象を残しました。

インスタグラムなどによってみんな「すばらしい誕生日」の画像を競ってアップしますよね？

そのことによって、子どもたちの目にもさ

まざまな家庭のさまざまな豪華な誕生日、両親からのすばらしい贈り物などの光景がいやでも目に入ってきてしまい、いつの間にか比較してしまい……。**自分の家で祝ってもらったパーティー、贈り物などに幸せを素直に感じられなくなっている子どもが増えているのではないか**、という話です。

これは、もちろん、素朴に子どもたちにとってもお父さんにとっても不幸ですが、実は子どもの話と軽く見てよいようなことではなく、大人まで含めて、ネット上でさまざまな情報が拡散していく社会では、そのすべての構成員がこうした感情にさらされ、「欲望の三角形」の中に、引きこまれているように思います。

ジラールが最初に指摘した「欲望の三角形」は、もっと複雑な人間の感情への考察でしたが、先の「僕のお父さん」のように、こうした何気ない日々のSNSなどネット上で目にするものが与える影響は、徐々に深く刷りこまれていくものがあるように思います。

人々の無意識にどう影響を与えていくか、心のあり方にかかわるものでしょう。

そして実際、豊かな社会、大衆的な消費が広がる社会、さらにSNSで欲望が拡散される現代では、ジラールがこの概念を唱えた20世紀後半とは比較にならないほどに、ますますその現象は広がっていると言ってよいのかもしれません。

「欲しい」はどこまで自分の欲望なのか?

これもまた、自分で自分がわからなくなる……。欲望のかたちは、ねじれ、錯綜(さくそう)していくのです。

「うらやましい」資本主義のおそろしさ

21世紀、世界の価値観は多様多層に引き裂かれる中で、奇妙なかたちで、新たな時代を開こうとしているようにも思えます。

ちなみに、前章に触れた精神分析家のクラインは、「羨望」の破壊的な性格に着目、その本質を「いいものほど壊そうとすることだ」と定義しています。人間がもっとも深いところに抱えこんでいる感情「羨望」、つまり人をうらやましく思う気持ちだという説も残しているのです。

大衆消費社会、しかもSNS空間がさらに増強するネット型大衆消費社会では、羨望が増強されます。ここに、近年のさまざまな現象、身近なところでは、誰かに認められたい、誰かに「いいね！」と言われたい「承認欲求」の広がり、そして、その先にある社会問題まで、考えねばなりません。

欲望は、なくなりません。もちろん生きている証でもあるのですから、なくなったら終わりでしょう。僕たちはもがき続け、社会もまたその激しい渦から新たなシステムを生み出し続けます。

しかし、時に立ち止まり、自らの心の底をのぞきこんでみることは、とても大切なことなのです。

「エビデンスは？」即効性に飛びつき、逆に疲れる社会

現代は、さまざまな問題に対して、科学的な分析の成果をあてはめ、素早い対応策が求められる時代です。

「**エビデンス**」という言葉も広まり、科学的な根拠や実験などによる結果の数値が説得力を持つケースが増えています。もちろん技術が進み、ビッグデータと言われる大

量のデータを集めることが可能となって、その結果から適切な対応策が生きることもあるでしょう。

ある一定の明確な目標、ゴールを数値で設定し、その達成に向け、「合理的」な「ムダのない」方法を見つけるため、過去のデータを用いることはもちろん意義あることだと思います。

しかしときに、狭い視野の中、目先の成果ばかりを優先する解決策を急ぐことが、全体としての利益、本質的な成果まで損なうようなケースも目につきます。即効性のある強い薬を求め続けることで、その薬に体が慣れてしまうような、そんな皮肉な状況も生まれているのです。

そうした病気の治療のたとえで言えば、**現代の資本主義には、「免疫力」を持つことが大事なのかもしれません。**

免疫力とは、まさに文字通り、「疫＝病気」を免れる力ですが、外から侵入した細菌などを撃退する自己防衛システムのことです。

たとえばインフルエンザの予防接種、多くのみなさんが病院などで受けたことがありますよね。あえて微量のウイルスを注射して、軽く感染させて、抗体を作るのです。

これで、次にウイルスが入ってきても、抗体が排除してくれるというわけです。

この免疫に似た感覚を養うことが、現代の資本主義に対しては、必要なのではないでしょうか？

即効性がある方法にも、副作用がある。

科学的データが導く「正解」でも、そこで捨てられている大切な条件まで考えると、総合的には悪い方向に行くこともある。

簡単に即効性、効率性に飛びつかない視点は、かなり大切です。

教育を「経済効率」で測ったときのしっぺ返し

たとえば教育の現場での話です。

子どもたちの集中力を高めるための方法をデータから導き、**「ゲーム性を導入することで、試験の平均点を10点上げる」**を目標とした先生がいたとしましょう。

この試み自体は、決して悪いことではないと思います。しかし、同時にそのとき先生は、ひとつの手段として導入したゲーム性について、それがテストの点数の上昇以外に子どもたちの感情に与える影響を、注意深く見守らなければならないはずです。

また同時に、その試みが成功したところで、単に「**テストの平均点が10点上がっただけ**」のことだと、冷静に認識できなければなりません。

しかし……。

もうすでに勘のいいみなさんは想像できたのではないでしょうか？

残念なことに、先生の中には、この「**10点アップの成功体験**」から、計算問題の試験でうまくいったのだから、このゲーム性を、次は、国語の読解問題でもやってみようと考える人も生まれるのです。

そして、どんなものでもゲーム化するのが、学力アップの方法だ、と短絡的に考える人も生まれるでしょう。

さらに、人間の性というものとして、ここが皮肉なところなのですが、熱心な先生ほど、その熱心さゆえにひとつの結果を信じきって走り、学ぶことの中身、生徒の本質的な成長よりも、単なるテストの結果という「**数値の上昇**」のみが、大切な目標となっていってしまうのです。

そして、その「ゲーム」に明け暮れたあげくに、ある日空しく気づく日がくるのかもしれません。

「私が、そもそも教育で目指すべき本来の目標は何だったのか」と。

ひとまず、みなさんが想像しやすいように学校の教育現場をイメージしてもらいましたが、同じようなことが、会社、職場でも起こりがちです。

いつの間にか、「科学」的なはずの手法も、間違った「熱さ」を持った人が使おうとすることで、単なる「売り上げ至上主義」へと変わってしまう。

残念ながら、そんな職場も少なくないので

はないでしょうか？

繰り返しますが、一定の目的が明確で、そこに近づく方法の可能性も限界も冷静に認識できている分にはいいのです。

しかし、そこから独り歩きを始めるのが、資本主義につきまとう「数値」というものの性質です。

「これが正解だ！」と言われるとみんながそこに飛びついてしまう。

そして、飛びつくことによって、一時的にはよかったように思えても、また自分自身、その対処の仕方に疲れていってしまう。悪い部分に目がいって、そこだけが治ることを考えてどんどん強い薬を投入したのはいいけれど、むしろ全身の体力を損なってしまい、薬への中毒性を高めてしまうのにも似た状況です。

全体の構造を把握する目を持たなければ、資本主義というものは、恐ろしいねじれを生んだまま、どんどん走ってしまうでしょう。そこを感じて、僕たちもバランスをとることを考えなければならない時期にいま、きています。

「不幸な逆転」から目をそむけない

人間の社会は、なぜか、いつも不幸な逆転が生まれがちなのですが、資本主義というしくみ、現在のようにネットを含めた技術で高度化され、複雑化した資本主義というシステムは、いつの間にか、逆転、ねじれ、倒錯がおきてしまうのです。

「自分で自分がわからなくなる」

そんな状況に、誰をも招き寄せるような不思議な力を持っていると言えるでしょう。

またさらに「市場」という場を通して集まる人間たちが作る、集団というものの力学についても考えなければならないでしょう。

みんなもともとは善意を持っていたはずなのに、集団になるとうまくいかなくなってしまう、そんな経験をしたことがありませんか？

「善意」の合計が、「善意」になるとは限らないのです。

ポイント

たくさんの「善意」の
合計が、「善意」に
なるとは、限らない。

人間は集団になると、むしろなぜか逆の方向へ走ってしまうことすら多いのです。集団になったときに、本来目指したものから逆走する人間の性のおそろしさ。そして、残念なことに、現代の資本主義こそ、さまざまな逆転現象を引き起こすことが多いと言ってもよいでしょう。

目的と手段が逆転するような事態がよく生まれます。

インターネットなどで情報が拡散し、増幅していく中で、みんながよかれと思って一方向に走ることが、逆に皮肉な事態を招きかねない時代でもあります。これは簡単に解決法を提示することはできませんが、この感覚を、多くのみなさんと共有したいと思います。

もっとも手ごわい敵は自分？　「過剰適応」をこえて

「欲望の資本主義」にかぎらず、僕が番組の企画を発想するときは、答えではなく、問いを共有するという手法を心がけています。

「欲望の資本主義」という番組には、予想以上に若い人たちからの反響も数多くありました。経済学にふれたことがないという方から「経済学ってこういう考え方をするものなのか」「いろんな考え方があって面白い」という声が届いたのです。

ぜひ、みなさんの中から、資本主義、経済のいま、そしてこれからを考える人が出てきてくれることを望んでいます。

近代経済学は18世紀、そもそも「科学」の力が優勢となる「近代」という時代の潮流の中、社会「科学」として自立することに憧れ、物理学、数学を模倣し成立した体系なのです。「理論的に破たんがないこと」が時代の価値観として優先され、需要供給曲線を社会現象にあてはめること、「科学」として説明できることが優先されていく過程で確立されていった、という言い方もできるでしょう。

工業を中心とする工業社会、その商品を生み出す企業が中心となる産業社会の時代ならば、そうした「科学」の発想法が、効果的に適合したのかもしれません。しかしポスト産業社会になると、そのほころびや、破たんも見えてきます。

そうした流れの中で、「前提」を疑うことなく、ただこれまであったフレーム（枠）の中での正解探しをしていていいのか？

あまりにも「科学」としての完全性にこだわることで、結果、視野が狭まってしまっているのではないか？

いまこそ、考えなくてはいけないときがきています。

ものごとを見る視野が狭まると、状況が部分的にしか見えなくなってしまい、過剰適応におちいります。文字通り、必要以上に、過剰に、状況に対して適応してしまうのです。

視野狭窄、過剰適応、自縄自縛……。

なんだか、すごい四文字熟語ばかり並べてしまいました。

しかし、こうした連鎖が悪循環を生んでいくところから、少し身をずらして、俯瞰で、ものごとを見るクセをつけたいものです。

ちょっと立ち止まって、ぼんやり考えてみることです。

「僕は、なんのために働いているんだっけ？」

「私は、なんのために学んでいるんだっけ？」

「歩みを楽しむカメ」のセンスを持て

「ウサギとカメ」というおとぎ話がありますよね。

速く走れる能力を持つウサギがサボっている間に、コツコツ努力していたカメが最後は勝ちました、という話です。これがイソップ童話のもともとの話です。努力の大切さを教訓として学ぶことも大事だと思いますが、僕はこう考えてしまうのです。

そもそも、カメは競争に参加しているという意識があったのだろうか、と。

自分のペースで歩みそのものを楽しんでいるうちに、いつの間にか勝っていて、ウサギが勝手に悔しがっただけなのではないか、と。

そうすると、どっちが本当の勝者かわからなくなりますよね。いや、そもそも「勝者」「敗者」という考え方を持つこと自体が、物事の見方をゆがめてしまうのかもしれません。

いまの僕たちには、もしかすると、ただ単に歩むことを楽しむカメのようなセンスが必要なのではないでしょうか？

時代にあわせて、効率を追求するという働き方をしているうちに、いつのまにか、みんなウサギになろうとしている社会に見えます。その競争のレールは勝手に敷かれたもので、それにのるのがはたして正しいことなのか、と、ここでも問いを共有したかったのです。

そこで先に登場した、チェコの経済学者トーマス・セドラチェクの意見がひとつの議論のきっかけになるかもしれませんね。

「資本主義に成長は必要か？」
こう問いかけた、あの人です。

↓

この人

彼も資本主義はもちろん肯定していますが、社会主義を経験している人々にとって、資本主義は自由を実現するためのツールだと言うのです。

総合的に社会体制、文化、民族性、歴史なども踏まえて考えた場合、市場とのつきあい方、資本主義とのつきあい方は考えなくてはならない——つまり、資本主義というものは、そもそもどの国でも同じ数式で説明されるようなものではないのではないでしょうか？

「日本的な資本主義」を考える

では、「**日本的な資本主義**」とはどのようなものなのでしょう？
さまざまな思考の枠組みの可能性も含めて考えていきたいところです。
アメリカのアナリストが口にした言葉を紹介しましょう。

> **私はあまり信心深くないんだが、**
> **いま私が強く惹かれているのは「禅（ZEN）の思想」だ。**
> **どういう意味かと言うと、投資においても人生においても、**
> **いい精神状態でいることがとても大事だということ。**

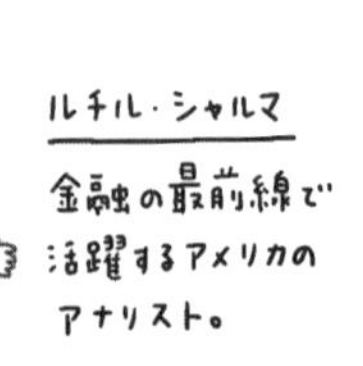

ルチル・シャルマ
金融の最前線で活躍するアメリカのアナリスト。

私は新著の1章のタイトルを「はかなさ」とした。
永遠のものなど何もない。すべては過ぎ去っていく。
私がいつも心に留めているルールだよ。

（ルチル・シャルマ）

金融の世界の激しい戦いの地、ニューヨーク・ウォール街で、経済の浮き沈みを最前線で分析し続けてきた人が、いまもっとも大事なのは心の安定、平静な精神状態を守れることだというのです。

バブルの時代に勢いにまかせて、少しでももうけが生まれることにギラギラしていた街で、いま、こうした言葉が語られることに、とても感慨深いものを感じます。

禅は、仏教のひとつの重要な考え方です。

「座禅」「禅問答」など、みなさんも聞いたことがあるかもしれませんが、華道や茶道など日本文化にも影響を与えてきましたし、同時に、西欧の社会にも広まりました。

ZENは「おだやかさ」を表す言葉として国際語にもなりました。

白か黒か、上か下か、そうした激しい二択ではなく、まさに「おだやか」に心の安定を保つ発想、センスこそ大事だという意味です。

この発言をしたシャルマにも、では「何が禅資本主義なのか？」という、明確な定義があるわけではありません。

しかし少なくとも、一夜にしてガラッと「天下」を極めた株が「地」に落ちる、また「ヒーロー」が次の日には「罪悪人」になってしまうような、そうした激しい変化を避けること、長い期間での持続的なゆるやかな成長のあり方をイメージした言葉であることは間違いないでしょう。

いま「資本主義の最前線」にいる人々も、まず願っているのは「おだやか」さ、なのです。

インターネットは「共感」を雪だるまのように吸い寄せる

経済の世界の浮き沈みと同じように、まるでジェットコースターのように上がったり下がったりするのが、インターネットの世界の関係性です。

「これがいい！」
「あれが売れ筋！」
となったら、みんなその「**勝ち馬**」にドンドン乗っかっていく、つまり「強者」と思える人、商品についていくほど、「おこぼれ」に預かれる、そのほうが確実に利益を得られると思ってしまうのが、残念ながらいまの資本主義にありがちな流れなのではないでしょうか。

「勝ち馬」ばかりが、実際の力、実際の世の中の声以上に大きなものに見えるように、どんどん雪だるまのように大きくなっていく……。そうした現象がある、ということは、冷静に知っておくべきです。

だまされてはいけません。

そうなったときに、さらに困ってしまうのは、そうしたお金をめぐる動きばかりではありません。インターネットによる関係性の持ち方というものは、心の問題にも関係しています。

つまり、**ネットの「勝ち組」は、実態以上の、ある種の「過剰な共感」を招き寄せる性質を持ってしまっているのです。**

数が多いものに乗っていこう、世の中で「共感」を得ているらしいものに乗っていこう……。

人間は本当に弱い生き物ですね。そうした、ひとまず「得になる」と見えるものに乗っていくことが間違いないと思ってしまう人が多いのでしょう。

それは、ある程度までは間違いではないのでしょう。ある程度までは。すなわち、いままでの数値ではかる「近代経済学」的な測定のしかたでは「正解」なのでしょう。

しかし、本当に長い人生を、自分自身の持っている本来の性質、本来の特性を生かして、自分自身の人生を生きているという達成感を満たすことにつながるかどうかは、また別の話です。

「シェアリングエコノミー」分ける経済の功罪

「シェアリングエコノミー」という考え方があります。

分け合う、共有するという意味で「シェア」という言葉が市民権を得たのは、2000年以降のことかもしれません。低迷する景気、伸び悩む成長という停滞感の中、若者を中心に急速に広がっていきました。

その概念は、先にもお話ししましたが、一軒家などを友人たちとともに借りて暮らすシェアハウス、そして部屋を貸し借りするAirbnb、アプリで車の空き状況を共有し効率的な配車システムを目指すUberなどへと展開しました。

SNSを用いることで、市場経済が基本とする「個人の所有」とは異なる「共有」によるサービスの可能性を生んだのです。

物質的な豊かさの中で育った若者たちは、みなさんのことですが、あまり強い物欲を持たない、と言われます。

所有ではなく共有を、そしてその行為にも経済的な価値を見出だそう、というわけなのです。

スリムに、スマートに――。いいことずくめのようにひとまずは思えますし、実際、既存の資本主義でカバーしきれない部分を補完するアイデアとしての意義はあります。

しかし、ここでも、気をつけたいことがあります。

「この人はいい人だから安くてもいい」
「あの人は気に入らないから売りたくない」

シェア、分けるという行為につきまとう人間関係の中で、いつの間にか、ある種の感情を売り買いするようなことになっていたとしたら、そこは注意しなければなりません。

市場とは、金銭の取り引きにしか縛られない場所です。人間関係、感情などが強く支配する共同体などのあり方とは、正反対の場所であることも、実はその魅力のはずだからです。

実際、海外旅行などで、見知らぬ土地へと旅したときに多くの人々は、まずは市場

ポイント
"金さえあれば"…も市場の長所。誰も排除されることのない世界。

を訪れます。そこでは、誰もが、排除されることなくプレーヤーとなれるのです。お金さえあれば……。

それもまた、市場の長所、ひとつの自由のかたちなのです。市場の論理に共同体の論理が入りこむことのプラスとマイナスを、私たちは見極めなくてはなりません。

市場というものの意味は、誰に対しても同じ100円、100ドル、100ユーロを出しさえすれば、誰もが同じものを買える――。

そうしたある意味ドライさこそが、すばらしさ、なのではないでしょうか？

市場で取り引きされているものはお金ではなく信用だ、人間関係だ、という言い方は、うまくいっているときは美しい話に聞こえますが、ひとたび関係が壊れたとき、自らの首をしめることにもなりかねません。

原点に返って、もう一度、「市場」とはそもそも何だったのか？

考えるべきときが、きているのかもしれません。

START!

「欲望の世界」で生きるということ
——愛と独断の？　資本主義論　おわりにかえて

「14歳からの資本主義」というタイトルで、書いてみませんか？

そんなお誘いをいただいたときは、正直、一瞬ためらいました。

この混迷を極める時代に「14歳」、つまり中学2年生に向けて、語る。

しかも、その対象は、難敵・資本主義です。世界中の経済学者たちが悩める、巨大なシステムについて語るのですから。


本文でも少し書きましたが、1980年代までのほうが、資本主義についてては、もっと素直に語れたのかもしれません。社会主義という存在を日頃から意識することで、その対比から「自由な市場経済」、「私有財産制」など、小中学校でも習うような概念を、大人たちも日常的にもっとリアルに感じていたように思います。

ところが、90年代以降の社会主義の崩壊、市場経済の全面化、そこにIT技術も相まっての加速度的なグローバル市場化、大きなうねりのような変化が進行していきました。

そして、市場の網の目が世界をおおい、一見「資本主義ひとり勝ち」と見える中、それは「格差」「分断」という問題も引き起こしていきます。資本主義は、民主主義を壊し始め、そして人々の心の底に不安を生んでいくことになったのです。

自らの周囲をとりまく論理が見えなくなっていく――。そんな大人が増えていく30年だったのかもしれません。そしてそんな状況だからこそ、みんなわかりきっていると思いこんでいる大人たちに向けて、その図式に疑問を投げかけようとしたのが「欲望の資本主義」という企画でした。

しかし、今度の読者は14歳です。

何らかのかたちで経済現象の本質を考えながら深めていくことのできる機会はありがたいと思いながらも、14歳に向けて語る、そんな難しい、責任が重いことができるだろうか？　そもそも、どこからどう語りだしていけばいいのだろう？

なかなかいい方法が見つからないまま、いたずらにときが流れました。

そしてあるとき、ふと思ったのです。

ちゃんときちんと語るべきときがきたときに語ろうなどと考えていても、そんなときは決して訪れないだろう、と。

どんどんかたちを変えて、飲みこむ対象を変えて、新たな「商品」を生んで膨らみ続ける資本主義の生命力……。どこかの段階で、それを俯瞰して、まとめて、しくみを明らかにするなどということは、ときを止めるのにも似た、神にしか許されない、無謀な試みなのかもしれないと考えるようになったのです。

そしてそれならば、その生命力のままに、アメーバのようにかたちを変えていく資本主義の中にあって、あえて大胆に、これからの長い人生を生きる14歳のみなさんたちに、「これだけは、いまから考えてほしい」「この問いは共有してほしい」という本質的なエッセンスを、思い切って語っていくことを選ぶべきだと考えました。

そのためには、そのしくみを教科書のように標準的に説明する、というのではなく、むしろその反対に、標準から少し外れていくこともおそれない、愛と独断の？　資本主義論でいいのだと自らを言い聞かせて。

以上のようなわけで、ふつうの資本主義入門的なものからは遠く、標準的、体系的なものとも少し異なる、不思議なメッセージとなった本です。

しかし長い人生をこれから送るみなさんとともに、これからの時代を生きていく上で、どんな考え方が必要なのかを、考えるきっかけは提供できたように思います。

実際、そもそも、「標準」というもの自体を決めるのが難しく、まるでサッカーのオフサイドラインのように、「標準」のラインが動いてしまうのも、資本主義の特徴だとも言えるのです。僕自身、フィールドを走りながらプレーした結果、どんなものになるのか？　いつも資本主義の可能性と限界に思いをはせながら、綱渡りのような気分でキーボードを叩き続けました。

みなさんにも、ぜひ現代の資本主義の綱渡り、心を乱したり、自分に負けたりしないで、無理せず楽しく考え続ける機会となれば、うれしく思います。

資本主義を考えるということは、社会全体を考えることであり、あなた自身の生き方を考えることなのですから。

最後に、「欲望の資本主義」を始めとする欲望シリーズにずっとかかわり続けてくれている、経済学者で大阪大学准教授の安田洋祐さん、またディレクターの大西隼さん、三好雅信さん、高橋才也さんらの制作陣にも、あらためて感謝の意を表します。

特に安田さん、大西さんには、本書の中でも数多く引用させてもらった、スティグリッツ、セドラチェク、コーエン、ガブリエルらの言葉を、番組撮影の現場で引き出してもらっています。

また『すべての仕事は「肯定」から始まる』に続いて編集を担当し、今回難題をふってくださった大和書房の藤沢陽子さんにも感謝申し上げます。おかげで、自分自身ひとまず現状の整理ができた上に、またひとつ次のステージへとつながる問題意識も生まれたように思います。梶谷牧子さんには、すてきなユーモアあふれるイラストで、僕のつたない文章をビジュアルで彩っていただき、ユニークな本にしていただきました。

また、ブックデザインはＡＰＲＯＮの植草可純さん、前田歩来さんに、カバーのイラストはイラストレーターのカシワイさんに大変お世話になりました。

みなさんにあらためて、感謝申し上げたいと思います。

14歳のみなさんが大人になって活躍している10年後、やわらかな空気の中、それぞれの人が自らのペースで生きられる、たおやかな社会となっていることを願って。

また、ここから新たな対話が始まることを楽しみに。

２０１８年　12月

丸山俊一

完。と。

参考文献

もっと知りたい、考えたい人のために

本書に登場した言葉などの情報

紹介した経済学者、思想家たちの言葉の出典

『欲望の資本主義〜ルールが変わる時〜』（東洋経済新報社）
『欲望の資本主義2〜闇の力が目覚める時〜』（東洋経済新報社）
『欲望の民主主義〜分断を越える哲学〜』（幻冬舎新書）
『マルクス・ガブリエル　欲望の時代を哲学する』（NHK出版新書）

紹介した経済学者、思想家たちの最近の著書

ジョセフ・スティグリッツ
『スティグリッツのラーニング・ソサイエティ』（東洋経済新報社）

トーマス・セドラチェク『善と悪の経済学』（東洋経済新報社）
ダニエル・コーエン『経済成長という呪い』（東洋経済新報社）
マルクス・ガブリエル『なぜ世界は存在しないのか』（講談社選書メチエ）
ルチル・シャルマ『シャルマの未来予測』（東洋経済新報社）

紹介した歴史上の経済学者、思想家たちの主著

ジョン・メイナード・ケインズ
『雇用、利子および貨幣の一般理論』（岩波文庫）
ヨーゼフ・アロイス・シュンペーター
『資本主義・社会主義・民主主義』（日経BPクラシックス）
アダム・スミス『国富論』『道徳感情論』（ともに岩波文庫）
カール・マルクス『資本論』（岩波文庫）
メラニー・クライン『羨望と感謝』（みすず書房）
マルクス・アウレリウス『自省録』（岩波書店）
R・D・レイン『引き裂かれた自己』（筑摩書房）

丸山俊一（まるやま・しゅんいち）

一九六二年長野県松本市生まれ。近代経済学からマルクス経済学まで、社会思想から現代思想まで幅広く学び、慶應義塾大学経済学部を卒業後、NHK入局。ディレクターとして、NHKスペシャル「英語が会社にやってきた」では社内英語化を推進する日産自動車、ルノー本社などを取材。その後プロデューサーとして「英語でしゃべらナイト」「爆笑問題のニッポンの教養」「ソクラテスの人事」「仕事ハッケン伝」「ニッポン戦後サブカルチャー史」などを企画開発。現在も「欲望の資本主義」「人間ってナンだ？　超AI入門」「地球タクシー」「ネコメンタリー　猫も、杓子も。」「ニッポンのジレンマ」他、時代の潮流を捉えた異色の教養番組を企画、制作し続ける。現在、NHKエンタープライズ番組開発エグゼクティブ・プロデューサー。著書に『結論は出さなくていい』（光文社新書）、『すべての仕事は「肯定」から始まる』（大和書房）、制作班との共著に『欲望の資本主義』『欲望の資本主義2』（ともに東洋経済新報社）、『欲望の民主主義』（幻冬舎新書）、『マルクス・ガブリエル　欲望の時代を哲学する』（NHK出版新書）など。早稲田大学、東京藝術大学で非常勤講師も務める。

14歳からの資本主義

君たちが大人になるころの未来を変えるために

二〇一九年二月 一日 第一刷発行
二〇二〇年六月二五日 第三刷発行

著者 丸山俊一
発行者 佐藤 靖
発行所 大和書房
東京都文京区関口一－三三－四
電話 〇三(三二〇三)四五一一

カバーイラスト カシワイ
本文イラスト 梶谷牧子
デザイン APRON（植草可純、前田歩来）
カバー印刷 歩プロセス
本文印刷 厚徳社
製本 ナショナル製本

ISBN978-4-479-79674-9

http://www.daiwashobo.co.jp